ビジネスリーダーのための「貞観政要」講義

東洋思想の古典に学ぶ、長く続く組織づくりの要諦

東洋思想研究者
田口佳史

講義の前の挨拶

みなさん、こんにちは、田口佳史です。

これから、東洋リーダーシップ論の真髄をじっくりとお話ししましょう。

西洋では聖書《バイブル》が人間の指針と言われますが、東洋でそれに当たる書物は何でしょうか。

そうです、『論語』です。

その論語の有名な文章に「君子に九つの思い有り」――「九思」というものがあります。君子として常に心掛けるべき九つの心構えが説かれているのですが、「視《み》ることは明を思い、聴くことは聡を思い……」と始まっています。つまり立派な人物になる第一歩は、よく視て、よく聴くことにある。それが「聡明」に通じるというのです。

これを最初に読んだとき、私は「そんなことくらいで立派な人間になれるのなら、簡単なことだ」と思ったものです。

しかし、論語を十年、二十年と繰り返し読むうちに、「いや、これほど難しいことはない。これでいいという到達点のない課題だ」と思うようになりました。本当の意味で「よく視て、よく聴く」ことのできる人は現実にいるのだろうか、とも思いました。

驚くことに、いたのです。その人物こそ、三百年という長期政権を築いた中国・唐王朝の二代皇帝である太宗《たいそう》、李世民《りせいみん》です。この太宗の言行録である『貞観政要《じょうがんせいよう》』という書物を読んだとき「よく視て、よく聴く」とはこういうことを言うのかと、初めて判然としました。と同時に、東洋的リーダーのあり方がよく理解できたのです。

その『貞観政要』とは、どんな書物か。

おそらく「書名は聞いたことがあるが、読んだことはない。何が書いてあるかも知らない」という人が大多数でしょう。

ひとことで言うなら『貞観政要』とは、「長期政権づくりのコツ」、つまり組織を立ち上げ、長期にわたって安定と平和を維持しながら運営していくために必要な、時代を越えて変わらぬ「組織論・リーダーシップ論の真髄」が語られている書なのです。

『貞観政要』は、全十巻四十篇から成ります。「貞観」とは、太宗が在位した年号（六二七〜六四九年）、「政要」は政治の要諦という意味です。太宗が死んでから約五十年後に、史官の呉競《ごきょう》が編纂し、時の四代皇帝・中宗《ちゅうそう》に献じたとされています（七〇九年）。そして中国だけでなく、日本でも「帝王学」の古典とされてきました。

これだけの説明だと、「ふーん」で終わってしまうかもしれません。しかし、なぜ、この書が千年以上の時を経て、いまなお多くの経営者ならびにリーダーたちに読み継がれているのか。そこに目を向けていただきたい。たいへん具体的に、リアルに実感できるように、誰にもわかるように、長期にわたって組織を安定経営するコツが描かれています。

では、太宗・李世民とはどんな人物か。

時は隋《ずい》末の混乱期、五九八年に高祖《こうそ》（初代皇帝）李淵《りえん》の次男として生まれた李世民は、父を助けて唐王朝の創建に多大な貢献をしました。

建国の時点ではまだ割拠する群雄が多く残っていたため、李世民は各地を転戦して彼らを討ち滅ぼしていきました。二代目とはいえ、実質的には建国の立役者、中国統一の最大の功労者でした。しかも、まだ二十歳そこそこという、末恐ろしい若者でした。

この活躍を、高祖の後継者たるべき長男の李建成《りけんせい》が、快く思ったはずはありません。三男の李元吉《りげんきつ》の妬《ねた》みも買い、彼らは密《ひそ》かに李世民を殺害する計画を立てました。しかし、李世民はこれを事前に察知し、先手を打って、兄と弟を討ったのです。これが「玄武門の変」という事件です。さらに李世民は父を幽閉して、自らが皇帝の座についたのでした

（六二六年）。

ここまでの太宗は、武将として優れた才能を発揮したわけですが、即位すると同時に、ガラリと変貌します。元号を「貞観」と改め（六二七年）、武断政治から文治政治へと転換させたのです。

国を興す「創業」期にあたっては、力に任せて攻め続ける「武断」の政治が必要です。しかし、政権を樹立して以降の「守成（継続）」の時期に入ると、太宗は国を固め守るために、法律・制度の整備や、儒学を中心とする教化の充実に尽力しました。つまり「文治」の政治を推し進めたということです。

そして、おもに四人の側近――「諫議大夫《かんぎたいふ》」と呼ばれる魏徴《ぎちょう》、房玄齢《ぼうげんれい》をはじめ、杜如《とじょ》晦《かい》、王珪《おうけい》らの直言を真摯《しんし》に受け止めながら、常に最善の君主たろうと、自己を律し続けたのです。この諫議大夫の存在は、太宗にとって極めて重要なものでした。諫議大夫とは古代中国の官職（諫官《かんかん》）で、初めは漢の時代に置かれたと言われています。国の政策について大いに議論し、時には厳しく皇帝を諫《いさ》めるのが仕事でした。

太宗はまた、内政だけでなく、外交にも優れた手腕を発揮しました。西北方の遊牧諸部族も唐王朝の支配下に置き、北方民族の可汗《かがん》（君主）から「天可汗《てんかがん》（＝天帝）」の称号を贈られています。

このように、太宗は君主となって以来、国力を充実させると同時に、民に平和をもたらす理想的な政治を行い、唐王朝という長期政権の基礎を盤石にしました。その治世は、後に「貞観の治」と呼ばれ最高の評価を与えられたのです。そして、この功績は、先述の諫議大夫ら側近の諫言《かんげん》を抜きには考えられません。『貞観政要』には、彼らとの間で交わされた、君主とはどうあるべきか、正しい国家とはどうあるべきかについての徹底的な議論が、生々しく〝採録〟されている。だから、おもしろいし、応用・実践の役に立つのです。

しかも太宗は、いわゆる「聖人君子」とは趣《おもむき》を異《こと》にしています。リーダーが陥りやすい〝落とし穴〟に何度も片足を踏み入れそうになります。そのせいか、『貞観政要』には古典にありがちな「説教くささ」があまり感じられません。

「太宗は、たしかに『貞観の治』と讃《たた》えられる時代をもたらした名君ではあるけれど、ダメなところもたくさんあったんだな」

そう私たちが共感するような場面が、随所に見受けられます。名君の美点を並べ立てるというより、むしろ欠点・愚行を洗いざらいにして、「人間くさい太宗」が描かれている点にも、大きな魅力があるのです。それゆえ読者は、太宗に非常に親しみを覚えるし、その言行を自分に引きつけて考えやすいと言えるでしょう。

太宗ほどの名君も晩年には、側近たちから止められたにもかかわらず、高麗《こうらい》（高句麗）征伐に乗り出して失敗し、後継者問題もうまくいかず、大きくつまずいて人生を終えました。それもまた人間くささの一面でしょう。

現代に生きるリーダーがぜひ見習っていただきたいのは、太宗が〝ご意見番〟ともいうべき諫議大夫や側近たちの直言をよく聞き、怒るどころか心から感謝して受け入れ、改めるべき点をただちに改めたところです。

一見「名君らしからぬ言行」の裏に、「自分の欠点をよく知り、より立派な君主になろう」という実直さが隠れている。これこそが、太宗という人物が名君たりえた所以《ゆえん》なのです。

部下の進言に耳を傾けることなど、何でもないことのように思うかもしれません。しかし、本当にそうでしょうか？

実際、中国では紀元前二二一年に始皇帝《しこうてい》が開いた秦《しん》王朝以来、君主に政治の得失について意見を述べる職位を設けていましたが、太宗ほど、その忠告を聞きいれた皇帝はいないと言って過言ではありません。

いまもそうではありませんか。組織のトップに立つ人は、権力が大きければ大きいほど、「裸の王様」のようになってしまうのが世の常です。周りにイエスマンだけを集め、専横的になり、組織をダメにしてしまう例は、枚挙に暇《いとま》がありません。

あるいは、創業メンバーががっちり手を組んで上層部に君臨し続けているために、新しい人材の登用が進まず、組織を硬化させてしまう場合もあります。創業メンバーというのは、厳しい戦いを互いに助け合いながら勝ち抜いてきた戦友のようなものですから、その後、組織を安定的に運営する時期になっても、かつての仲間意識や、狎《な》れ合いが裏目に出てしまうこともしばしばです。問題が生じても互いをかばい合ったり、言うべきことも言わずにやり過ごしたりすることが多くなると、組織が骨抜きになってしまいます。

いずれにせよ、「トップを厳しく諫める人がいない」「トップが耳の痛いことを言う人を遠ざけ、直言に耳を塞《ふさ》ぐ」ようになると、結果的に組織は危機を迎え、弱体化し、やがて衰退の一途をたどることになります。

『貞観政要』は、現代社会にも常態としてある、この〝古くて新しい問題〟に、「きれいごとではない、現実に肉薄した形」で鋭く切り込んでいます。だからこそ、「いま読む」意味があるのです。

編纂者である呉兢がこの『貞観政要』に込めたのは、「太宗の時代をもう一度」という思いです。

呉兢が仕えた当時の唐王朝は、三代高宗の皇后・則天武后《そくてんぶこう》が建てた武周朝から、政権を取り戻したばかりでした。かつて四代皇帝として即位しながら政争に敗れて廃位され、再び君主として返り咲いた中宗（李顕《りけん》）は、国の基礎をがっちり固める必要性に迫られていました。そこで、唐王朝の礎を築いた「貞観の治」が、そのお手本とされたのです。

残念ながら中宗は、これをよく理解し実践するまでには至りませんでしたが、六代皇帝・玄宗（李隆基《りりゅうき》）の時代になって深く浸透することになりました。玄宗は「開元の治」と呼ばれる善政を敷き、その治世下で、唐は国家としての絶頂期を迎えました（ただし後半、玄宗は楊貴妃《ようきひ》に溺れてしまい、再び混乱の世を生み出してしまったのですが）。

さて、『貞観政要』は日本にも、平安時代に伝来しました。以来、古くは一条天皇、高倉天皇、北条政子、時代が下って徳川家康、さらには明治天皇も、深い関心を寄せたと伝えられています。いずれも、それまでの政治の混乱を収め、長期的な政権づくりを目指した指導者たちです。日本の善政にも少なからぬ影響をおよぼしたと言えるでしょう。

現代に生きる私たちも、いまこそこれに倣《なら》ったほうがいい。『貞観政要』は、組織を盤石にし、いっそうの発展を願う人にとって、時代を越えた必読書になりうる書物です。「創業・守成」というと、起業家向けの話かとイメージされるかもしれませんが、それだけではありません。会社や企業でなくても、なんらかの組織でリーダーを目指す若い人たち、また、すでにリーダーのポジションにあり組織の運営に当たる人たちにとっても、無縁ではありません。新しい部署に異動するとか、昇進する、またプライベートでも、結婚して家庭をもつなど、人生に訪れる変化のときの多くは「創業」と捉《とら》えることができます。そしてその組織の永続的・安定的な発展（守成）を目指すのであれば、『貞観政要』は必ず役立つ実践の書となるでしょう。

なお、本書が参照する原文は、漢文学者・原田種成《はらだたねしげ》博士の『新釈漢文大系95・96　貞観政要（上・下）』（明治書院）によっています。

なにしろ『貞観政要』は長大な書物なので、遣唐使らも一度にすべてを運ぶことはできませんでした。長い期間にわたり、「私はこの部分」「あなたはこの部分」といった具合に書写され、バラバラと持ち帰られたのです。そのため、どれが原本に忠実なもので、どれが傍流のものなのかが判然としない状態のまま、長く伝えられてきたというのが実情です。

それを近代になって、あるべき姿に整理されたのが、原田博士です。博士なくして、今日の私たちが『貞観政要』を読むことはできなかったでしょう。私もいろいろなところで講義させていただくなか、『漢文のすゝめ』『私の漢文講義』などの名著も含め、博士の業績を思わない日はないくらいです。

最近は「リーダー不在の時代」と言われることもあって、ますます『貞観政要』が注目されています。これから次の時代を担うリーダーのみなさんも、本書を通して『貞観政要』の世界に触れていただければと思います。いまに通じる組織論、リーダーシップ論として、みなさんのお役に立てることを心より願っています。

ビジネスリーダーのための「貞観政要」講義

目次

第三講　人材登用の極意　85

第四講　上司は「聞く耳」を持て　部下は「響く言葉」を持て

第五講　「私欲」を去り「信頼」を呼び込め

構成／千葉潤子
図版作成／デマンド
装丁・本文デザイン／長坂勇司

第一講

リーダーシップとは「腕っぷし」と「思いやり」

儒家の考える理想のリーダー像

『貞観政要』を読む前に、まず中国古典思想における「リーダーシップ論」について触れておきましょう。

中国では古来、頻発《ひんぱつ》する洪水に悩まされていました。いったん洪水に見舞われると、土を耕して、作物ができるようになるまで、とてつもない時間を要し、「三代の苦労が水泡に帰す」と言われたくらいだったのです。

そこで、人々は思いました。「天に祈ったところで、洪水は止められない。治山治水に長《た》けたリーダーがいなければダメだ」と。そのリアリズムのなかから出てきたのが、「人間の救済は、神によってなされず、人間によってのみ可能である」とする考え方です。

これはとりもなおさず、宗教的な存在よりも、人間としての君主のリーダーシップに対する、大きな期待感の現われでもあります。歴代皇帝の政治手腕は、いかに洪水を制するかにあったと言っても過言ではないでしょう。

実際、中国最古の王朝・夏《か》の始祖である禹《う》は、治水事業に失敗した父・鯀《こん》の後を継ぎ、黄河の治水事業を見事、成功させた人物です。即位後には田畑を測量・整備し、収穫量を管理するとともに、収穫量に応じて税を徴収する制度を確立させました。生産活動と税制をセットした改革を行ったのです。

中国最古の歴史書である『書経《しょきょう》』の「禹貢《うこう》」という一篇には、彼の功績がうたわれており、いまも中国のトップたちの間では「リーダーシップを学ぶ必読の書」とされています。

ただし中国には、神よりも人間を中心に置く考えがある一方で、「人間は天に命じられて生きている」とする「天命論」という概念もあります。リーダーシップについても、治水に端を発するリアリズムに基づいたものと、天命論に信を置く徳治主義的なものという両面があることは知っておいてください。

前置きが長くなりましたが、儒家の考える「理想のリーダー像」とはどんなものか。『書経（真古文尚書）』の「堯典《ぎょうてん》第一節」巻頭を飾る文章に、これが明確に示されています。

放勲《はうくん》は欽明《きんめい》、文思《ぶんし》は安安《あんあん》にして、允《まこと》に恭《うやうや》しく克《よ》く譲《ゆづ》り、四表《しへう》を光被《くわうひ》し、上下《じやうげ》に格《いた》る。

「堯典」の「堯《ぎよう》」とは、中国古代の聖王の名です。同じく「舜《しゅん》」とともに、徳をもって天下を治めた理想的帝王として並び称される伝説上の人物です。儒家の間では、「人間として一番上等な心持ちで臨《のぞ》もう」というようなとき、「堯舜の道を味わう」という言い方をします。

さて、右の文章の「放勲」という言葉には、裏に「武」の文字が隠れています。つまり「放武勲」――武勲をあげることを意味します。これが「欽明」というのですから、「功績が誰の目にも明らかだ」という意味です。

つまり「腕っぷしが強く、戦《いくさ》に長けている」、それがリーダーの第一条件です。いまのビジネス社会に置き換えれば、「目覚ましい業績をあげて、誰からも一目置かれるような人物でないと、リーダーとは言えない。そうなって初めて、部下を立派に育てあげる力量もつく」ということです。

しかし、それだけでは五十点といったところ。百点を取るには、もう一つ重要な資質が求められます。それが「文思安安」。「文」は心のあや、「思」は思いやり、「安安」はいつも変わらぬという意味です。すなわち、常に誰に対しても、心の繊細な動きを読んで、相手の立場に立って行動することが身に沁《し》みついている。そういう資質です。

現代のリーダーの指針になるように言い換えれば、「問題を解決してメンバーに安心感を与え、かつ自社の可能性を切り開いてメンバーに希望を与える」といったところでしょう。

この「放勲欽明、文思安安」は、リーダーに必要な二大資質。語呂がよく覚えやすいので、リーダーとしての覚悟を決めたい人は、折にふれて「放勲欽明、文思安安……」とつぶやいてみてください。

ただし、この二つがあっても、まだ足りません。一流のリーダーたる者、百点で満足してもらっては困ります。続くくだりに、プラスアルファとして大事な資質が、あと二つ書かれています。

一つは「允に恭しく克く譲り」――「俺が、俺が」と我先《われさき》になるのではなく、自分は一歩退《ひ》いて、他人を優先する「譲る心」があること。リーダーの資質とはあまり関係がないように思うかもしれませんが、実は深いところでつながっているのです。譲ることのできる人は、本来の意味で自分というものに、強い自信のある人だからです。

俗に「弱い犬ほどよく吠える」と言われるように、余裕のない人ほど「俺が、俺が」と言いがちです。逆に、自分に自信がある人は心に余裕がありますから、一歩退くことなど何でもないわけです。

そして、もう一つが、「四表を光被し、上下に格る」――みんなが「この人についていけば大丈夫」と思うくらい、存在そのものが威光を放っていること。徳を積んでいる人というのは、内面から徳が光となって、周囲を照らすものなのです。

こういった資質を備えたリーダーがいれば、上から下までが一枚岩となった強い組織が出来上がる。トップの威光を受けて、組織の全員が、世のため人のために尽くす。だから、組織の繁栄は続くし、世の中も平和になる。

これが、儒家の考えるリーダーシップの真髄です。太宗もしっかりと、このリーダー像を心に刻み、育ちました。ここを踏まえておいてください。

創業と守文、どちらが難しいか

太宗は、創業と守文、その両方で類《たぐい》まれなリーダーシップを発揮しました（「守文」とは、冒頭の「守成」と同じような意味で、「創業の後を受けて、その事業を固め守る」こと。「守文」は、武力ではなく「文」、つまり儒教をもって国を治めることを強調した言葉です）。まさに、先ほど述べた「放勲欽明、文思安安」――「腕っぷし」で唐王朝の創業に貢献し、「思いやり」をもって守文に臨み、平和で安定した世の中を築くことに成功したのです。

とはいえ、太宗の即位した当初は、隋末の戦乱の爪痕《つめあと》も深く、また早々に飢饉《ききん》や大水害に見舞われるなど、新政権の船出は逆風のなかにありました。人々の生活がようやく安定するのに、十年ほどの歳月を要したようです。

太宗もこのころにほっと一息ついて、過去を振り返る余裕ができたのでしょう。貞観十年、諫議大夫の魏徴と、尚書左僕射《しょうしょさぼくや》（尚書省長官で筆頭宰相にあたります）の房玄齢との三人で、「創業と守文、どちらが難しいか」をテーマに、こんな問答をしています。これは「君道第一　第三章」にある、非常に有名なくだりです。

まず、書き下し文で読んでみましょう。その後に超訳を付しておきます。

貞観十年《ぢやうぐわんじふねん》、太宗《たいそう》、侍臣《じしん》に謂《い》ひて曰《いは》く、帝王《ていわう》の業《げふ》、草創《さうさう》と守文《しゆぶん》と孰《いづ》れか難《かた》き、と。尚書左僕射房玄齢《しやうしよさぼくやばうげんれい》對《こた》へて曰《いは》く、天地草昧《てんちさうまい》にして、群雄競《ぐんゆうきそ》ひ起《おこ》る。攻《せ》め破《やぶ》りて乃《すなは》ち降《くだ》し、戰《たたか》ひ勝《か》ちて乃《すなは》ち剋《か》つ。此《これ》に由《よ》りて之《これ》を言《い》へば、草創《さうさう》を難《かた》しと爲《な》す、と。魏徵對《ぎちようこた》へて曰《いは》く、帝王《ていわう》の起《おこ》るや、必《かなら》ず衰亂《すゐらん》を承《う》け、彼《か》の昏狡《こんかう》を覆《くつがへ》し、百姓《ひやくせい》、推《お》すを樂《たの》しみ、四海《しかい》、命《めい》に歸《き》す。天授《てんさづ》け人與《ひとあた》ふ、乃《すなは》ち難《かた》しと爲《な》さず。然《しか》れども既《すで》に得《え》たるの後《のち》は、志趣驕逸《ししゆけういつ》す。百姓《ひやくせい》は靜《せい》を欲《ほつ》すれども、徭役《えうえき》休《や》まず。百姓凋殘《ひやくせいてうざん》すれども、侈務《しむ》息《や》まず。國《くに》の衰弊《すゐへい》は、恆《つね》に此《これ》に由《よ》りて起《おこ》る。斯《これ》を以《もつ》て言《い》へば、守文《しゆぶん》は則《すなは》ち難《かた》し、と。太宗曰《たいそういは》く、玄齢《げんれい》は、昔《むかし》、我《われ》に従《したが》つて天下《てんか》を定《さだ》め、備《つぶさ》に艱苦《かんく》を嘗《な》め、萬死《ばんし》を出《い》でて一《いつ》生《せい》に遇《あ》へり。草創《さうさう》の難《かた》きを見《み》る所以《ゆゑん》なり。魏徵《ぎちよう》は、我《われ》と與《とも》に天下《てんか》を安《やす》んじ、驕逸《けういつ》の端《たん》を生《しやう》ぜば、必《かなら》ず危亡《きばう》の地《ち》を踐《ふ》まんことを慮《おもんぱか》る。守文《しゆぶん》の難《かた》きを見《み》る所以《ゆゑん》なり。今《いま》、草創《さうさう》の難《かた》きは、既《すで》に以《すで》に往《ゆ》けり。守文《しゆぶん》の難《かた》きは、當《まさ》に公等《こうら》と之《これ》を愼《つつし》まんことを思《おも》ふべし、と。

太宗　君主の仕事は創業と守文、どちらが難しいと思うかね。

房玄齢　それはやはり、創業でしょう。天地は乱れ、群雄割拠して、どこへ行っても敵ばかり。我々は彼ら群雄を次々と攻めて降伏させ、幾多の戦いを勝ち抜いてきました。その苦労があって初めて、国家を樹立することができたのです。

魏徴　いや、私はそうは思いません。創業といっても、天地に最初の国家をつくるわけではなく、それ以前にも必ず国家がありました。我々も隋が衰退し、乱れた後を受けて、前帝以下悪政を敷いた者どもを駆逐したわけです。国民はそれを喜び、陛下に従ってくれます。だから、創業はさほど難しいものではありません。もっと難しいのは、いったん国が立つと、君主に驕《おご》りが生じることです。人々は戦乱の世を経て疲弊し、平和と安定を望んでいるのに、自分のわがままに任せて、国民を使役・労役にこき使うようなことが多々起きます。国の衰亡というのは、常にこれによって起こります。そう考えると、守文のほうが難しいと思います。

太宗　房玄齢は昔、私とともに苦労して戦ってきたね。創業のほうが難しいと思うのも、もっともなことだ。一方、魏徴は私とともにいままさに泰平の世にしようと力を尽くしている。少しでも気がゆるむと、政権は衰退してしまうと、いつも心配してくれている。だから、守文のほうが困難だと言うのだろう。ともに一理ある。しかし、房玄齢のおかげで、草創期はすでに過ぎたのだ。いま、我々が取り組むべきは、守文の困難だ。ともに力を合わせて、立ち向かっていこうではないか。

太宗の問いに対し、房玄齢と魏徴の意見は真っ二つに分れました。そこで太宗は、「創業のほうが難しい」と言う房玄齢の顔を立てる一方、魏徴の見解も評価し、意見の異なる二人の側近どちらにも悪感情を抱かせないように配慮したのです。

実にうまい受け答えではないですか。側近の対立を緩和するのもリーダーの務めですから、特定の誰かに加担しない太宗の配慮は見習いたいところです。

太宗が言いたかったのは、「もう創業の時代は過ぎたのだから、守文の時代に待ち受けている困難に全力で取り組んでいこう」ということです。これは、そのための問答だったと言っていい。そして、この創業から守文へという流れは、そのまま現代のビジネスに当てはまります。

例えば、会社を起こしたとき、あるいは役職に就任したりしたとき、そのリーダーは勢いに乗っています。社内はもちろん世間からも、高い注目と評価を受けるでしょう。マスコミから「時代の寵児」ともてはやされることだってあるかもしれません。

また、数々の困難を乗り越え、並みいるライバルたちを相手に戦い勝ち抜いた、そのプロセスを振り返って、自分に酔ってしまう場合もあります。「本当に自分はがんばった。苦労が報われた。よし、もっと突っ走ってやるぞ！」というふうに。

そこに生じるのが、慢心です。ありがちなのは、創業で得た権力を笠に着て、専横的なふるまいに出てしまうことです。

下の者たちに「もっと働け、もっと働け」とムチを振るう場合もあります。近年の起業家にもよく見受けられるではありませんか。「自分だって、創業期にこれだけ苦労して事を成したのだから、みんなも私を見習え」とばかりに、社員をこき使って過剰な労働をさせ、組織をブラック化させてしまうようなことが。

あるいは、利益で私腹を肥やすのは論外としても、あたかも業績が伸び続けているかのように見せかけるため、不正経理や粉飾決算にまで手を染めてしまうようなことが。

そうならないために重要なのが、太宗のように「創業期はもう過ぎた」と、明確に自分に言い聞かせることです。そして、以後の活動の軸足を「守文」に移し、組織を盤石なものにしていくことに専心する。とかくゴタゴタの多い創業期を乗り切ったら、いったん猪突猛進する勢いをゆるめて、仲間や部下と力を合わせ、組織を安定・継続させていくことに意識を転換させなければいけません。

とくに創業から守文への転換期にあるリーダーは、この問答の最後にある「草創の難きは、既に以に往けり。守文の難きは、当に公等と之を慎まんことを思ふべし」、この太宗の言葉を噛みしめてください。

もう一つ、つけ加えておくと、明治期までの日本では、創業に際して「撥乱反正《はつらんはんせい》」（乱《らん》を撥《おさ》めて正《せい》に反《かえ》す）、つまり乱れた世を治めて正しい状態に返すことを大切にしていました。

問答のなかでも魏徴が「天地が開けて初めて国をつくるわけではない」というようなことを言っていますが、これもまさに「撥乱反正」のこと。「撥」とは、太鼓や三味線のバチのことで、これをたたくという意味です。旧来の国の乱れをたたいて正常に反《かえ》し、新しい国を創出することを意味します。

組織や事業もほとんどの場合、以前からあるものが弱体化、もしくは時代の流れのなかで陳腐化したことにより、新たに起こってくるものです。

その創業の際に大事なのは、旧態依然としたものを一掃することです。建物に喩《たと》えるなら、前の建物の一部を残してリノベーションするのではなく、いったん更地にして建物を新築する。それが「反正」の意味するところです。

私はもう何十年も、いろいろな「創業」を見てきましたが、中途半端に新しい事業を始めたところは、たいてい失敗しています。創業するときは全部整地しなければ、うまくいかないものなのです。

では、創業の後は何がポイントとなるか。これもいい言葉があります。「創業垂統」と「継体守文」です。

まず、その事業、企業の根幹は何であるのかを明確にしよう、つまり〝伝統〟をつくろう、というのが「創業垂統」。そして、その伝統をしっかり受け継ぎ、自分の会社独自の持ち味や、ほかには真似できない文化（国家であれば国柄）を守りながら醸成していこう、というのが「継体守文」です。

この「創業垂統」と「継体守文」がうまくいかないと、組織は乱れてしまう。そうすると、また「撥乱反正」となるわけです。つまり、組織や事業というものにはすべて、

「撥乱反正」→「創業垂統」→「継体守文」

というサイクルがある。現代のリーダーもこの流れをしっかり踏まえて、組織・事業を運営していくことが大切です。

天災さえもリーダーの責任

太宗が即位して二年目の貞観二年、関中地方では、日照りや洪水が繰り返し起こり、大飢饉になりました。関中とは、河南省にあった函谷関《かんこくかん》という関所より西側の地方。長安の都（現在の西安《せいあん》）を中心とする地域を指します。

前に述べたように、中国の皇帝にとって治水事業は最大の課題。「天災だからしょうが

ない」とか「不測の事態に打つ手はない」といった言い逃れは通用しません。太宗にしても当然、天災が起きて世の中が乱れるようなことがあれば、それはすべて自分の不徳の致すところだと明言しています（「論仁惻第二十　第二章」）。

水旱《すゐかん》、調《ととの》はざるは、皆《みな》、人君《じんくん》の徳《とく》を失《うしな》ふが爲《た》めなり。朕《ちん》が徳《とく》の修《をさ》まらざる、天當《てんまさ》に朕《ちん》を責《せ》むべし。百姓《ひやくせい》、何《なん》の罪《つみ》ありて、多《おほ》く困窮《こんきゆう》するや。

「皇帝は天から人民を治めることを委《ゆだ》ねられた存在だ。その行動に徳がなければ、天は罰としてさまざまな災いをもたらす」というのが儒教的発想です。太宗も「日照りや洪水などの天災は、徳の足りない自分に天が与えた罰だ」と受け止めたのです。しかも、「天罰を受けるべきは自分であって、国民には何の罪もないのに、多くの人が苦しめられている」とまで言っています。

この言葉が心からのものであることは、次のくだりを読むとわかります。

「困窮した者のなかには、かわいい息子や娘を売った人がいると聞く。そんなことはあってはならない。したがって部下に巡回調査させ、国庫の宝物を吐き出して売られた子どもたちを買い戻し、両親のもとに帰してやった」というのです。おそらく太宗の時代の国庫には、隋代から引き継いだ財宝がかなり蓄えられていたのでしょう。

そもそも、幕府や政府の「府」は「倉庫」を意味します。何かあったときのために、財宝や武器など、さまざまなものを保管する倉庫が完璧に整えられている、それが〝政府〟という言葉の本来の意味なのです。

太宗としては、「生活をすべて保障するだけの財はないけれど、せめて子どもたちだけは親元に帰してあげよう」と思ったのでしょう。こういうくだりを読むと、「なんだか、出来すぎた話じゃないか」と思うかもしれませんが、それは現代人のよくないところです。まさに「仁政」とは、このことです。徳のあるリーダーというのは、天災さえも自分の責任とし、国民のために尽くすものなのです。

いまも政治家や企業のトップは、何か重大な問題が起きて責任を問われると、「私の不徳の致すところです」とよく口にします。でも、本当にその言葉の真の意味を理解しているのでしょうか。口ではそう言いながら、何も責任をとっていない場合が多い。じつに残念なことです。

仁義と威信

この貞観二年の飢饉には、さすがの太宗も随分苦労しましたが、学ぶところは大きかったようです。世の中にちょっと良くなる兆しが見えてきたのでしょう。「論仁義第十三第三章」でこんなことを言っています。

「世の中が乱れると、人心も乱れる。それを治めて、正しい方向に導くのは難しいと思っていた。けれども、人々を見ていると、近ごろは私欲を抑えて互いに譲り合っているではないか。役人もきちんと法を守らせている。日ごとに盗みを働く者も減っている。それで私はわかったのだ。人々のふるまいというのは、ただ政治の治乱によって変わるものだということを」

そして、太宗は臣下の者に告げるのです。

國《くに》を爲《をさ》むるの道《みち》は、必《かなら》ず須《すべから》く之《これ》を撫《ぶ》するに仁義《じんぎ》を以《もつ》てし、之《これ》に示《しめ》すに威信《ゐしん》を以《もつ》てすべし。人《ひと》の心《こころ》に因《よ》り、其《そ》の苛刻《かこく》を去《さ》り、異端《いたん》を作《な》さざれば、自然《しぜん》に安静《あんせい》なり。公等《こうら》

宜《よろ》しく共《とも》に斯《こ》の事《こと》を行《おこな》ふべし。

国を治める基本は、仁義と威信である。国民の心に寄り添って窮状から救ってやり、しかし一方で「道にはずれたことは絶対に許さない」という厳然とした態度で政治を行えば、国は自然と安定するだろう。諸君、ともにこのことを行おう。

ここで「仁義」と「威信」を並列しているのが、太宗らしいところです。国民に対して思いやりをもって接しなければならない。ただし、甘やかしてはだめだ。威信をもって厳しく対することも大切だ、としています。

企業や組織も同じです。リーダーには、部下の気持ちを汲《く》んで温かくサポートしてやるやさしさと同時に、悪い方向に走らないように厳しく律する務めもあるのです。

「威信と仁義」の人として私が思い出すのは、昭和の名経営者・土光敏夫《どこうとしお》さんです。土光さんは、それはもう厳しい人で、もしかしたら太宗より怖い人だったかもしれません。だから、土光さんに直言しようなんて人は、わずかだったでしょう。そこで、土光さんはどうしたかと言うと、「内省自反」を徹底して行ったのです。必ず一日に一度、お経をあげながら、自分の心を見つめ直していたといいます。そんなふうに自分を律している人は、その力が威信となって現われるのです。

しかし厳しいだけではなく、思いやり深い人でもありました。ふだん厳しいだけに、部下などには、その思いやりが身に沁みて感じられたのではないでしょうか。その質素な暮らしぶりから「メザシの土光さん」なる愛称で親しまれていましたが、そんなところにも、多くの人から慕われた人柄の温かみが感じられます。

ルーズとタイトを使い分けよ

干魃《かんばつ》や飢饉でざわついていた世の中が、多少落ち着いてきたのでしょう。貞観三年、太宗は改めて「君主でいることは本当に難しいことだ」と臣下たちに洩《も》らしています。必死に努力を続け、政治についても次第に理解を深めるなか、なおさら「もっと勉強しなくてはいけない」と感じたのです。

仕事というのは本来そういうものです。同じ仕事を三年もやれば慣れてきますが、そこからさらに成長するかどうかは、その人自身の自己評価にかかっています。「もう一人前だ」と満足してしまえば、成長は止まります。それどころか、下り坂に向かうでしょう。しかし、「まだまだ」と思えば、さらなる成長軌道に乗ることができるはずです。往々にして、仕事に一生懸命であればあるほど、自らの至らなさが際立ってくるものです。仕事で一定の成果があがっても、それで満足しては、その後は危うい。太宗のように「まだ足りない」と思わなければいけません。

では、太宗は何を難しいと感じたのでしょうか。

太宗は「直言諫争第十　第三章」で、「**若《も》し、法《はふ》、急《きふ》なれば善人《ぜんにん》を濫《みだ》さんことを恐《おそ》る。法《はふ》、寛《くわん》なれば、即《すなは》ち奸宄《かんき》を粛《しゆく》せず。寛猛《くわんまう》の間《かん》、若為《いか》にして折衷《せつちゆう》せん**」と言っています。つまり、「法律が厳し過ぎると、かえって善人を、法の間隙《かんげき》を縫《ぬ》うような悪事に走らせてしまうおそれがある。逆に法律が甘いと、悪人をのさばらせることになる。その加減がじつに難しい」と。

これに対して、諫議大夫の魏徴はこうアドバイスしています。

古《いにしへ》より理《り》を爲《な》すには、時《とき》に因《よ》りて教《をしへ》を設《まう》く。若《も》し、人情《にんじやう》、急《きふ》に似《に》たれば、則《すなは》ち之《これ》を濟《すく》ふに寛《くわん》を以《もつ》てし、若《も》し、寛慢《くわんまん》有《あ》れば、則《すなは》ち之《これ》を糾《ただ》すに猛《まう》を以《もつ》てす。時既《ときすで》に恆《つね》ならず、法令定《はふれいさだ》まること無《な》し。

最初の部分は、古くから言われている言葉として、「政治（理）をなすには、時代の流れや社会の状況をよく読んで教えを説き、常に民をいい方向に導いていかなくてはいけない」ということが引用されています。

魏徴はこれに照らして、「人心にゆとりがないときは法を寛大にし、逆にゆるみが生じているときは法で厳しく取り締まる。時代や社会情勢は変わっていくのだから、法律の運用だって変わるべきです」というのです。ようするに、状況に応じてルーズ（寛）とタイト（猛）を使い分けなければならない。

当たり前と言えば当たり前ですが、意外にも指導者たちは、ときに逆のことをしてしまいがちです。人々が切羽詰まっているときに法や規則を強化してさらに追い詰めたり、反対に緊張感を持つべきときに規制を甘くして危機を招いてしまったり、というふうに。

トップがつねに気をつけておくべきなのは、法律や規則を決めればそれでよしとするのではなく、変化し続ける状況をこそよく見なければならないということです。

またしても余談ですが、ここで「法」という言葉が出てきました。ご存じのとおり、唐は律令国家です。律令の「律」は刑法で、「令」は行政法などに相当し、中央集権国家を統治するための基本法典を意味します。律令制は古代中国で発達し、隋・唐時代に完成しました。

日本も中国に遣唐使を派遣して、この律令制を導入しました。最初の遣唐使が派遣されたのは、太宗の時代のことでした（六三〇年）。ですから、日本の国づくりにおける原点のひとつは、太宗の政治にあったと言ってもいいのです。

「十思」――「十思九徳」の教え①

「君道第一　第四章」に非常に長い文章があります。貞観十一年、魏徴が守文の時期の君主のあり方について、くどいまでに説いたくだりです。その結論として、常に君主が心に留めておくべき十の思いと、積むべき九つの徳をあげています。これが「十思九徳《じっしきゅうとく》」と呼ばれる、有名な訓戒です。

まずは「十思」を見ていきましょう。

【一】誠《まこと》に能《よ》く欲《ほっ》す可《べ》きを見《み》れば、則《すなは》ち足《た》るを知《し》りて以《もっ》て自《みづか》ら戒《いまし》むるを思《おも》ひ、

人間というのは欲が深い。ときに「これが欲しい！」と猛烈に思うようなことがあれば、「いまのままで十分ではないか」と、欲深な自分を戒めなさい。

これは、誰しも思い当たることがあるでしょう。組織をもっと大きくしようと、事業欲を無謀なまでに膨らませて失敗した経営者や、ちょっと儲けると贅沢に走って身を滅ぼす人がたくさんいます。欲はどこまでも広がるものなので、これに振り回されてはなりません。足るを知る、つまり「ここまで進んで来られたことに感謝する」という気持ちを忘れないようにということです。

【二】将《まさ》に作《な》す有《あ》らんとすれば、則《すなは》ち止《とど》まるを知《し》りて以《もつ》て人《ひと》を安《やす》んずるを思《おも》ひ、

大事業（新しい宮殿を建造するなど）に着手しようというときは、いったん立ち止まって、「みだりに国民をこき使わず、少し休ませてあげよう」と思いなさい。

とくに事業が拡大の一途にあるときは、部下の労働環境には目がいきにくいものです。馬の尻をひっぱたくようにして、過重労働を強いる経営者はいまも少なくありません。「休ませる」ことも考えなければ、かえって生産性を下げてしまうことにもなります。

また、組織の根本はなんと言っても人材です。のちに詳しく解説するとおり、『貞観政要』では人材登用のあり方についても数多く議論されていますが、この観点から言えば、「立派な施設や社屋が欲しくなったら、その投資を人に回そうと思え」という戒めととることもできるでしょう。

【三】高危《かうき》を念《おも》へば、則《すなは》ち謙沖《けんちゆう》にして自《みづか》ら牧《やしな》ふを思《おも》ひ、

自らの力を過信して、危ない橋を渡るようなことをしてはいけない。謙虚に自分の実力をはかり、自制することを考えに入れなさい。

挑戦欲を燃やすことは大切ですが、気分で突っ走ってはだめです。よく「社運をかけて」などと、やたらとチャレンジングな課題に挑戦したがるリーダーがいますが、そこに至るまでには、慎重のうえに慎重を重ねて練った計画と、社員の訓練がなければいけません。合理的な勇気と、非合理な無謀とは、別ものであると心得なければなりません。

【四】滿溢《まんいつ》を懼《おそ》るれば、則《すなは》ち江海《かうかい》の百川《ひやくせん》に下《くだ》るを思《おも》ひ、

老子が「江海《かうかい》の能《よ》く百谷《ひやくこく》の王《わう》たる所以《ゆゑん》は、其《そ》の善《よ》く下《くだ》るを以《もつ》てなり」と言っているように、人々の上に立とうとする者は、大海が幾百もの谷川の水を集めていることを思って、必ず謙虚にふるまうことを心がけなさい。

上に立つ者はとかく偉そうにふるまいたがるものですが、それでは部下から慕われるわけはありません。川の流れを集める海のように、自分は最も低いところにいて、人々の思いを受け止めなさい。それが、リーダーに必要な謙虚さなのです。事業が順調に進んでいるときほど、謙虚であることを自分に言い聞かせる必要があります。

【五】盤遊《ばんいう》を樂《たの》しめば、則《すなは》ち三驅《さんく》以《もつ》て度《ど》と爲《な》すを思《おも》ひ、

狩りのときには獲物を追い詰め過ぎないように、三方から攻めて逃げ道をつくってやる。それが限度というものだ。遊びたいと思うときも、限度をわきまえなさい。

リーダーにだって、遊びは必要です。ただし、限度というものがあります。仕事そっちのけで遊びに溺れたり、会社のお金を湯水のように遊興費に注《つ》ぎ込んだりすると、事業が傾いてくることは言うまでもないところでしょう。

【六】懈怠《かいたい》を憂《うれ》ふれば、則《すなは》ち始《はじめ》を愼《つつし》みて終《をはり》を敬《けい》するを思《おも》ひ、

怠け心が生じたら、何事も面倒がらずに懸命に取り組んだ最初のころを思い出し、また最後までやり通す決意を新たにしなさい。

仕事が順調に回り始めると、慣れも手伝って、マンネリに陥ることがよくあります。何にせよ、最初はやる気満々で、寸暇を惜しんで取り組んだはず。そのときの気持ちを忘れ

ず、なすべき大きな仕事は、やり終えるまで緊張感を持って取り組まなくてはなりません。

【七】擁蔽《ようへい》を慮《おもんぱか》れば、則《すなは》ち心《こころ》を虚《むなし》くして以《もつ》て下《しも》を納《い》るるを思《おも》ひ、

自分の耳目が塞がれているのではないかと心配ならば、下の者の言葉を虚心坦懐に、よく聞くように努めなさい。

実績をあげるほど専横的になって周囲の意見に耳を傾けなくなる人がいます。あるいは、周囲の者が「耳の痛いことは言わないようにしよう」と遠慮して、トップに報《しら》せるべき情報を上げなくなる場合もあります。ようするに「裸の王様になるな」ということです。リーダーが最も心すべきことですが、裸の王様になりたくなければ、自ら社内外を回って情報を収集する必要があるでしょう。

【八】讒邪《ざんじや》を懼《おそ》るれば、則《すなは》ち身《み》を正《ただ》しくして以《もつ》て悪《あく》を黜《しりぞ》くるを思《おも》ひ、

人に悪く言われることが心配ならば、自らの身を正して悪を退けなさい。

誰しも、人によく思われたい気持ちはあるでしょう。けれども、そんなことを気にする必要はありません。自分の身を正してさえいれば、悪く言う人などいるわけはないのです。いわれなき誹謗中傷を受けたくなければ、常に他人には丁寧に対処すべきです。

また、人を悪く言って陥れようとするなどは言語道断です。人を貶《おとし》めれば、それだけ自分の評価が下がるというものです。世の中には、人の悪口を言うこと、聞くことが好きな人が少なくありませんが、それでよいことは何もありません。リーダーがそうなってしまってはおしまいです。

【九】恩《おん》の加《くは》はる所《ところ》は、則《すなは》ち喜《よろこ》びに因《よ》りて以《もつ》て賞《しやう》を謬《あやま》る無《な》きを思《おも》ひ、

いくらうれしいからといって、みだりに報奨を与えてはいけない。臣下のことは公正に評価しなさい。

部下が手柄を立ててくれれば、リーダーにとってこれほどうれしいことはないでしょう。けれども、その喜びのままに大盤振る舞いをすると、特定の部下を増長させる一方、周囲の嫉妬を助長するかもしれません。

【十】罰《ばつ》の及《およ》ぶ所《ところ》は、則《すなは》ち怒《いかり》に因《よ》りて刑《けい》を濫《みだり》にする無《な》きを思《おも》ふ。

部下を罰するときは、怒りのあまり重くしすぎるようなことがあってはならない。

報奨を与えるにせよ、罰するにせよ、リーダーたる者、感情を優先するようでは困ります。論功行賞や信賞必罰は、公正で厳格であることが求められます。喜びや怒りの感情が去ったあとで、冷静に行うべきです。

魏徴は以上の「十思」をあげ、「君主はこれら十思を心に刻んで自らを律し、さらに九徳（後述）を修めなければなりません」と言っています。

どれも「言われてみれば当たり前」のことながら、「言うは易く、行うは難し」。頭ではわかっていても、つい逆の方向に行ってしまうことが多いのです。これを機会に、みなさんも、しかと心に刻んでください。

参考までに、私がアレンジした「現代十思」を紹介しておきましょう。

一．もっともっとと強欲を欲したら、無一文のときを思って感謝の心に切り換えよ。
二．立派な施設や社屋が欲しくなったら、その投資は人材の確保に回そうと思え。
三．無謀な高望みを持たないためには、常に全社的実力向上を先行すべし。
四．順調に進めば進むほど「謙虚」を自分に言い聞かせよ。
五．快楽に遊ぶ癖がつきそうならば、もう少し会社を安定させてからと思え。
六．長い発展を望むなら、すべてに始めから終わりまで慎重さを失うな。
七．裸の王様になりたくなければ、こちらから社内外を回って情報を収集せよ。
八．いわれなき誹謗中傷を受けたくなければ、常に他人には丁寧に対処すべし。
九．論功行賞を間違えないためには、喜びが去ってから行うべし。
十．罰を与え叱るときは、怒りが去ってから行うべし。

「九徳」――「十思九徳」の教え②

次に「九徳」とは何か。これについては、『書経』にその記述があります。先述した夏王朝の始祖・禹に対して、彼の臣下であった皋陶《こうよう》が「リーダーの内面鍛練」の一つの方法として諭したものです。

【一】寛《くわん》にして栗《りつ》　【二】柔《じう》にして立《りつ》　【三】愿《げん》にして恭《きよう》
【四】亂《らん》にして敬《けい》　【五】擾《ぜう》にして毅《き》　【六】直《ちよく》にして溫《をん》
【七】簡《かん》にして廉《れん》　【八】剛《がう》にして塞《さい》　【九】彊《きやう》にして義《ぎ》

それぞれの意味は順に、次のようになります。

【一】寛大な性格でありながら、細部をないがしろにしない厳格さもある。
【二】いつも柔和で穏やかだが、ここぞというときはテキパキと物事を進める。

【三】自分に対しても人に対しても厳しいが、決して横柄な態度はとらない。

【四】何か問題が起きたときは自ら先頭に立って事を納める能力があるが、ふだんは目立たず慎み深い。

【五】いつも静かでおとなしくしているが、芯がしっかりしていて、自分の信念に反することには毅然《きぜん》とした態度をとる。

【六】歯に衣《きぬ》着せず率直にものを言うが、人当たりは温和で、相手に威圧感を与えることはない。

【七】大まかに物事を捉えるが、杜撰《ずさん》ではなく筋道がしっかりしている。

【八】意志が強く剛毅《ごうき》な性格だが、押しつけがましくなく思慮深い。

【九】実行力があるが、暴走せずに道理をわきまえて行動する。

これら「九徳」はいずれも、相反する要素でワンセットになっています。つまり、陰と陽を合わせ持っていることがポイントです。

中国古典思想には「陰陽和《か》して元となす」という考え方があります。内へ内へと入ってくる働き、受動的な性質が「陰」。逆に、外へ外へと拡大していく働き、能動的な性質が

「陽」です。「陰陽和す」、すなわち、この陰と陽は相補い合う関係にあることに注意してください。

この「九徳」もそうですが、中国思想においては、物事はすべて、陰と陽のバランスのとれた状態が最上とされています。ですから、いまの自分の資質や性格が陰なのか陽なのかをよく見て、陰ならば陽、陽ならば陰と、陰陽のバランスをとって心を修養するのがいいのです。

私がお勧めしているのは、「一カ月に一つ、九徳を実践する」ことです。たとえば「一月は『寛にして栗』でいこう」と決めて、常に「寛大であり、かつ厳格であろう」と意識して行動するのです。すると、誰かが「何か、雰囲気が変わりましたね」と言ってくれるはずです。誰も変化を認めないようなら、もう一カ月やってもいいでしょう。

このトレーニングをすれば、単純計算で最短、九カ月で「九徳」をマスターできます。これを四巡、五巡とやってみてください。目に見えてバランスのいい人間、言い換えればリーダーの資質を十分に備えた人間になれるはずです。

ざっくり中国古代史

よく「歴史は繰り返す」と言われます。それを踏まえて「愚者は経験に学び、賢者は歴史に学ぶ」という言葉もあります。唐という国を歴史的に理解することは、『貞観政要』を深く読むためにも必要なこと。ここで、唐に至る歴史をざっと振り返ってみましょう。

最古の王朝である夏が誕生し、唐王朝が開かれるまでの約二千七百年間、中国では実に多くの国が栄枯盛衰を繰り返してきました。

夏、殷《いん》はおよそ五百年、周《しゅう》（西周）は二百五十年と長期政権でしたが、周王朝が都を関中から東の洛邑《らくゆう》に遷都（東周）した紀元前七七〇年から、中国は「春秋・戦国時代」と呼ばれる非常に長い戦乱の世を迎えました。これはおよそ五百五十年間続いたのですが、日本の歴史で言えば、「一六〇〇年、天下分け目の関ヶ原の戦いから以降、江戸・明治・大正・昭和・平成の時代を経て二一五〇年まで、戦いが続いている」というような状況です。いかに長いかが実感できるでしょう。

この間に生まれた中国の成年男子の多くは、兵士になるために生まれ、兵士として死ん

ざっくり中国古代史

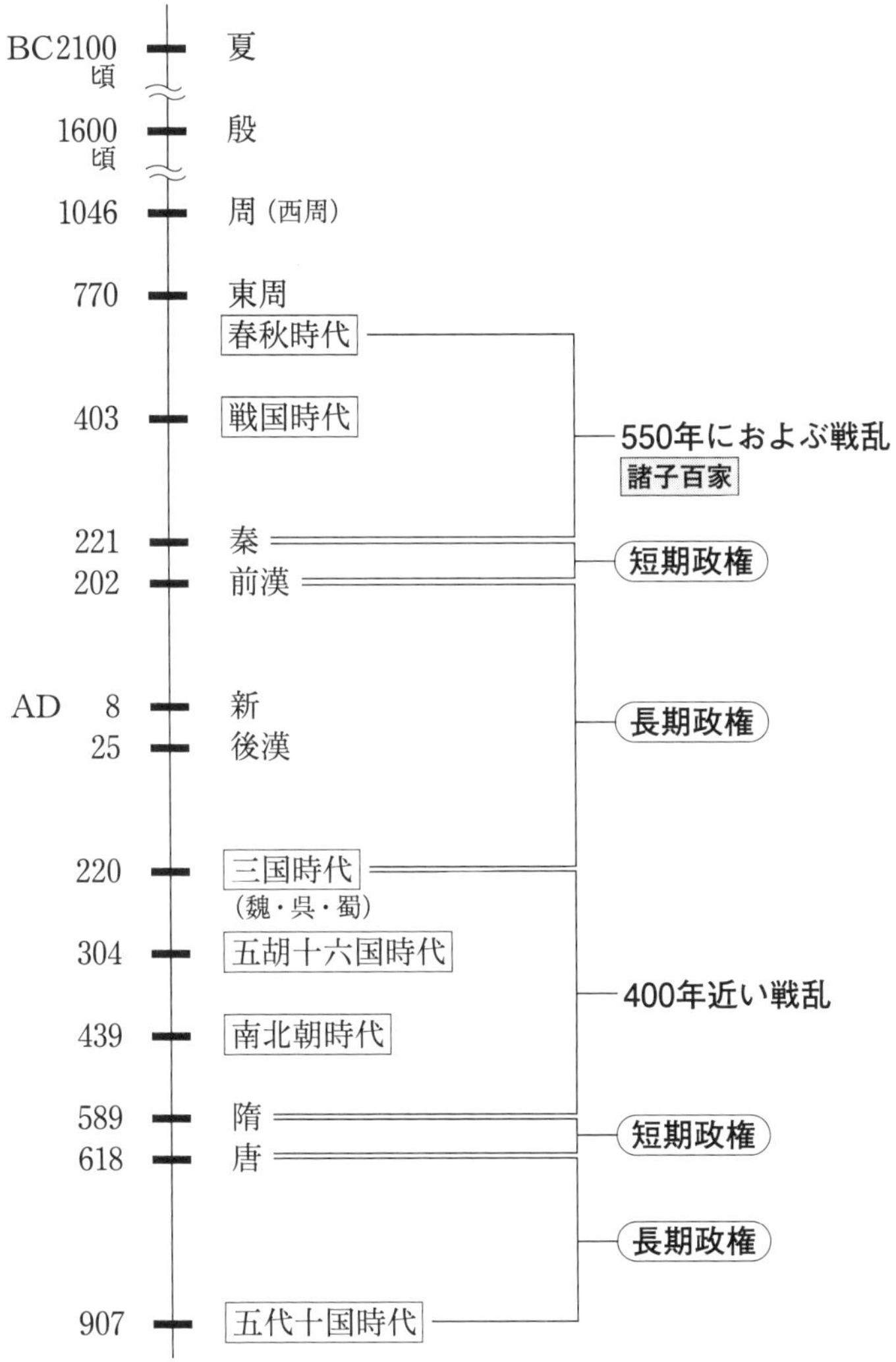

BC2100頃 夏
1600頃 殷
1046 周（西周）
770 東周
春秋時代
403 戦国時代
550年におよぶ戦乱
諸子百家
221 秦
202 前漢
短期政権
AD 8 新
25 後漢
長期政権
220 三国時代（魏・呉・蜀）
304 五胡十六国時代
439 南北朝時代
400年近い戦乱
589 隋
618 唐
短期政権
長期政権
907 五代十国時代

でいったのも同然でした。「何としてでも平和な世を現出させて欲しい」、そう願わない国民は一人としていなかったのではないでしょうか。

そうした思いを受けて、春秋・戦国時代には、儒家や道家をはじめとする様々な思想哲学が生まれました。「諸子百家」と呼ばれるこの思想家集団は、諸国の君主や諸侯に、政策提案も行っていました。

この混乱期を治めて、紀元前二二一年に中国を統一したのが秦の始皇帝です。ところが秦は、わずか十五年と短命に終わった国家でした。

次に興ったのは、劉邦《りゅうほう》が開いた漢で、紀元前二〇二年のことです。秦の失政から学ぶところが大きかったのでしょう。劉邦は、「短期政権に終わってはならない」と善政に努め、紀元後八年に王莽《おうもう》が新王朝を開くまで約二百年間続きました。二五年に光武帝が漢を再興したことから、新をはさんで前の約二百年を前漢、後の約二百年を後漢と呼びます。前漢・後漢を合わせると、漢は、ほぼ四百年の長期政権を実現したわけです。

しかし、「歴史は繰り返す」と言われるように、後漢が滅びた後、中国はまた戦乱の世に突入しました。

二二〇年に始まったのが、魏《ぎ》・呉《ご》・蜀《しょく》の三国時代。その三国のなかから魏が、呉と蜀を呑み込むようなかたちとなり、二八〇年に司馬炎《しばえん》が晋《しん》という大国を建てました。非常に民主的な国家だったのですが、それが裏目に出たのか、「俺が、俺が」という連中がたくさん出てきて、八王の乱などの内戦を招いてしまいました。

そこを北方の遊牧民族である匈奴《きょうど》につかれて、晋はほどなく滅亡。そして、五胡《ごこ》十六国時代が始まります。五胡とは、匈奴系の匈奴と羯《けつ》、モンゴル系の鮮卑《せんぴ》、チベット系の氐《てい》と羌《きょう》。これら五つの非漢民族が、十六もの国を建て、お互い激しい戦いを繰り広げました。

そのなかから鮮卑が抜きん出て北魏《ほくぎ》を建国し、華北を統一。その後、五三四年に東魏《とうぎ》と西魏《せいぎ》に分かれますが、東魏は後に北斉《ほくせい》となり、西魏は北周《ほくしゅう》を建国しました。この北周がふたたび華北を統一したのは、五五七年のことです。

日本の戦国時代もそうですが、戦乱の世というのは勢力図が目まぐるしく変わります。さらにややこしいことに、北魏が華北を統一した四三九年から、隋が中国全土を統一する五八九年までの時期、華南でも宋《そう》・斉《せい》・梁《りょう》・陳《ちん》の四つの王朝が興亡していました。中国ではこの時期を南北朝時代と呼んでいます。

さて、この四百年近くにおよぶ乱世を制した隋ですが、これもまた、約三十年と短命に終わります。そして六一八年に太宗の父・高祖を始祖に誕生したのが唐なのです。帝室系図で見ると、北周から隋、唐と鮮卑系でつながっており、表面的には禅譲の形を取っています。

漢が秦を反面教師にしたように、唐の太宗は短期政権だった隋の轍《てつ》を踏むまいと、自戒に自戒を重ねたのです。臣下たちと交わした問答のなかでも、何かにつけて隋の煬帝《ようだい》を引き合いに出して論じる場面が多数あります。

こうして太宗が唐の基礎を固めたからこそ、唐王朝は、則天武后の武周朝を挟みながらも、最終的には九〇七年まで、二十代・約三百年の長期政権を実現することができたわけです。

以上が唐に至るまでの〝ざっくり中国古代史〟ですが、日本の戦国時代からの流れと少し似たところもあります。

日本では、室町幕府の権力が失墜してからというもの、全国各地に多くの戦国大名が現われ、約百年にわたって戦乱が頻発しました。国民がいい加減うんざりしていたころに、織田信長が天下取りを目指すも、明智光秀の謀反《むほん》により失脚。次いで豊臣秀吉が天下統一を果たしたものの、うまく代をつなぐことができず、政権は短命に終わりました。

中国史に引きつけて言うなら、「漢にとっての秦」や、「唐にとっての隋」が、信長・秀吉の時代に当たり、また漢・唐という長期政権が、徳川家康のひらいた江戸幕府の時代に当たるようにも思えます。信長と秀吉二人の失敗をしっかり見極めて、多くを学んだからこそ、家康は長期政権をつくることができた、という見方もできます。

第二講

自分のなかに
「ブレない軸」をつくれ

理念なき組織は長続きしない

国家が長く続くことを願わない君主はいないでしょう。魏徴はこれについて、「君道第一　第四章」で次のように言っています。時は貞観十一年、政権が落ち着いてきたころです。

臣《しん》、古《いにしへ》より圖《と》を受《う》け運《うん》に膺《あた》り、體《たい》を繼《つ》ぎ文《ぶん》を守《まも》り、英傑《えいけつ》を控御《こうぎょ》し、南面《なんめん》して下《しも》に臨《のぞ》むを観《み》るに、皆《みな》、厚徳《こうとく》を天地《てんち》に配《はい》し、高明《かうめい》を日月《じつげつ》に齊《ひと》しくし、本枝百世《ほんしひやくせい》、祚《そ》を無窮《むきゆう》に傳《つた》へんと欲《ほっ》す。然《しか》れども終《をはり》を克《よ》くする者鮮《ものすくな》く、敗亡相繼《はいぼうあひつ》ぐ。其《そ》の故《ゆゑ》は何《なん》ぞや。

最初の部分は、前章で述べた「創業垂統」「継体守文」を意味します。創業するときに最も大事なのは理念であり、それを守り育てていくのが守文。昔から君主というのは、これをしっかりやっていたと指摘しているのです。

興味深いのは、「英傑を控御し」というところ。創業期には、武勇に優れた人がぜひとも必要で、華々しい活躍をしますが、世の中が平和になってくると、彼らは身を持て余すことが多くなります。君主としては、そういう人物を抑えなければなりません。創業期に武勲をあげた者を野放しにせず適切に処遇する。それも君主の力量だということです。

そうして名君たちは、厚い徳を世の中に浸透させ、高所大局からすべてを見て判断し、行動して、子々孫々まで政権が続くことを願うものだというのです。

これは、現代のビジネス社会でも同じでしょう。経営者は自分のつくった、あるいは親や先代社長から引き継いだ会社が、百年、二百年と続くことを願っています。

しかし残念ながら、多くが長続きせずに、短命に終わってしまう（終を克くする者鮮く、敗亡相継ぐ）。その理由を問われた魏徴は、次のように、ずばり言ってのけています。

之《これ》を求《もと》むる所以《ゆゑん》、其《そ》の道《みち》を失《うしな》へばなり。殷鑒遠《いんかんとほ》からず、得《え》て言《い》ふ可《べ》し。

「道」を失ったからだというのです。この「道」とは、国家の道理・道義、さらに人間としての正しい行い、自己の果たすべき役割のこと。言い換えれば、創業時の理念です。

「これを忘れると、『殷鑒遠からず』、つまり短命政権に終わった隋みたいになってしまいますよ」とまで言っています。

「殷鑒遠からず」というのは『詩経』にある言葉で、殷王朝が、前代の夏の悪政を鑒《かがみ》（鑑＝ここでは悪い手本の意）として戒めたことを指します。転じて、失敗の先例は遠くに求めなくても、すぐ目の前にある、ということです。殷にとっての夏、唐にとっての隋、つまり前代の政治の悪いところが戒めの対象とされていたのです。

また「論仁義第十三　第二章」で、太宗は蕭瑀《しゅうう》という尚書省《しょうしょしょう》（詔勅を実行する部門）のトップと、「組織寿命の長短を分けるものは何か」について、次のような問答をしています。貞観の初めのことです。

太宗　周の武王は殷の暴君、紂帝《ちゅうてい》を討って、天下を平定した。一方、戦国時代の七覇の一つであった秦の始皇帝は、周が衰えたのに乗じて他の六国を打ち負かした。天下を取ったという意味では同じなのに、どうして周は長期政権になり、秦は十五年と短命だったのだろうか。

蕭瑀　紂王は無道なふるまいをして、国民を非常に苦しめました。ですから、武王が紂王を討つとなったとき、国の平和と国民の幸せを願う八百の諸侯が、こぞって周に加勢したのです。一方、始皇帝が制覇した六国の君主たちには、何の罪もありません。みんな、自国の平安を願って一生懸命だっただけです。それなのに、始皇帝はただ「天下を取りたい」という強い気持ちから、六国を次から次へと制覇していきました。天下を平定したという行為自体は、武王も始皇帝も同じですが、人情の点ではまったく異なります。武王は国民を苦しめる紂王に義憤を感じての行動であり、始皇帝は私欲を満たそうとしての行動だった。そこが政権の長短を分けたのではないでしょうか。

太宗　いや、私はそうは思わない。周王朝が長続きしたのは、殷を滅ぼした瞬間に、国家運営の軸足を「武」から「文」に移し、仁義を広めることに努めたからだ。それに比べると秦王朝は、天下を取ったとたんに、良からぬ策略をめぐらすことばかりに終始した。そこが大きな違いなのではないか。あなたが言うように、たしかに天下を取ろうという志を立てたときの発想は違っていただろう。しかし、それよりも国家を継続させるための守文のあり方の違いのほうが大きい。仁義で運営する国家と、偽りの力による国家との違いだと、私は思うね。

こんな問答からも、太宗がいかに「国を安定させて、政権を長期にわたって維持する」ことに懸命だったかがわかります。

もっとも、蕭瑀の答えもなかなかのものです。いまのビジネスで言うなら、たとえばM&Aで業容を拡大したいとか、シェア・ナンバーワンを狙って営業攻勢をかけたいなど、自らの支配欲が首をもたげてきたとき、リーダーが「その動機は善なるか」と自問することも、また重要なのではないでしょうか。

リーダーの根本は徳義を積むこと

臣聞《しんき》く、木《き》の長《ちやう》ぜんことを求《もと》むる者《もの》は、必《かなら》ず其《そ》の根本《こんぽん》を固《かた》くす。流《ながれ》の遠《とほ》からんことを欲《ほつ》する者《もの》は、必《かなら》ず其《そ》の泉源《せんげん》を浚《ふか》くす。國《くに》の安《やす》からんことを思《おも》ふ者《もの》は、必《かなら》ず其《そ》の徳義《とくぎ》を積《つ》む。

「君道第一　第四章」にあるこの言葉は、魏徴が貞観十一年に「十思九徳」を説いた、あの長い文章にあるもの。「樹木を大きく育てようとする者は、その根元の土をしっかりつくる。勢いよく流れる長蛇のごとき川をつくろうとする者は、その源泉を深く浚《さら》う。国に平安をもたらそうとする者は、自らの徳義を積む」としています。

『論語』にも「**君子《くんし》は本《もと》を務《つと》む。本立《もとた》ちて道生《みちしやう》ず**」（「学而第一」）という言葉があるように、指導者はとりわけ、自分の人格を形成する根っこの部分をしっかりさせることが重要です。これが出来てはじめて、善政という枝葉を広げていく道につながるのです。

これに先立つくだりで、魏徴は、君主としての徳義のあり方を三つのレベルで具体的に述べています。要約して紹介しましょう。

周の武王は殷の紂王を征伐したとき、その宮殿を打ち壊し、財宝もすべて焼いてしまいました。楚《そ》の項羽もそうです。秦を討ち滅ぼしたとき、宮殿を跡形なきものにしました。そして、この二王は豪華な宮殿を建てることを嫌い、粗末な城で質素に暮らしました。そんな君主の姿を見れば、国民は君主を尊敬し、見習おうとします。そういう最上の徳のある君主は、何もせずとも国を治めることができるのです。

次に大事な徳は、私欲を後回しにして倹約に努め、自分の贅沢のために人々をこき使うようなことをすまいと自戒することです。そういう君主を見た国民は、子が親を慕うように君主を敬い、力になろうとしてくれます。

最悪なのは、先のことがどうなろうとお構いなしで、その場限りの政治に明け暮れることです。せっかく天命を受けて君主になったというのに、「天命は正しい人にしか味方しない。ダメな人間からは離れていく」ことを忘れてしまうのでしょう。自分の住む城や暮らしにばかり贅を尽くして、国民をこき使う。君主がそんなふうでは、国民はついていけません。「イヤなことを国民に強いるのが君主だ」と思ってしまいます。

徳のレベルが落ちるにしたがって、国はどんどん悪い方向に向かいます。後世のお手本となる君主にもなれません。帝王の位を得るのは大変ですが、失うときは一瞬です。君主の天命は、子々孫々の鑑となるよう正しく生き、国民を良い方向に感化していくことなのです。

人間というのは権力を手にすると、すべてが自分の思い通りになると錯覚します。創業のころこそ、「勝って兜《かぶと》の緒を締めよ」と、ともすれば傲慢になりそうな自分に歯止めをかける努力をするでしょう。でも、じきに忘れてしまうのです。

魏徴のこの進言を聞き、太宗もちょっとゆるみかけていた気持ちを改めて引き締めたのではないでしょうか。リーダーにとって耳の痛いことをあえて言う。そこに、「諫議大夫」の存在意味があるのです。

規則の功罪

帝位に就任して早々、太宗は刑法の改正に乗り出しました。

国を律するためには、悪いことをした者には罰を与えなければなりません。しかし、戦国時代のように、ろくに裁判も行わず、人の首を刎《は》ねてしまうようなことがあってはならない。

「そんな時代はもう過ぎた、唐はこれから法治国家に一変するのだ」ということを周知徹底するためにも、公正な裁判のもととなる刑法の整備が急がれたのでしょう。

太宗はこうした思いを込めながら、「人は一度死んだら、二度と生き返りはしない。安易に首を刎ねるのではなく、どうしたら罪人の命を救えるかをよくよく考えてみるべきではないか」と臣下たちに語っています（「論刑法第三十一　第二章」）。

そのうえで、法を用いるときのポイントは「寛簡《かんかん》」、すなわち寛大にして簡略であることだと述べています。広い心で人間を見て、重箱の隅を楊枝でほじくるようにして調べ立てないよう注意しているのです。おもしろいのは、次のような喩え。

古人云《こじんい》ふ、棺《くわん》を鬻《ひさ》ぐ者《もの》は、歳《とし》の疫《えき》あらんことを欲《ほっ》す。人《ひと》を疾《にく》むには非《あら》ず。棺《くわん》の售《う》るるを利《り》するが故《ゆゑ》なるのみ、と。

昔の人が言ったことを引用して、「棺桶を売る者は（死人が出なければ立ち行かない商売だから）、疫病が流行することを願っている。しかし、人が病気になることを喜んでいるわけではない。ただ、棺桶が売れて自分が儲かることを考えているのだ」という意味です。

現代でも、たとえば、人が病気にならなければ医療ビジネスは成り立たないし、争いごとや犯罪がなければ弁護士は要《い》りません。ビジネス全般をみても、利益を追求することが、無意識のうちに人の不幸を待つことになってしまうことがあります。
太宗はそこを心配して、法律に携《たずさ》わる者たちに「棺桶売りのようになってはいないか？　心のどこかで、罪人がたくさん出てくれなければ、商売上がったりだ、というふうに思ってはいないか？」と問いただしているわけです。
すると、諫議大夫の王珪が進み出てこう言いました。

法を扱う人間には、公平で正直、誠実な者を選びましょう。そのうえで、道理にかなった裁判をしたら、よくやったと報奨金を与えましょう。そうすれば、自《おの》ずと邪《よこしま》な気持ちで裁判を行う者はいなくなるはずです。

なかなかいいアイデアだと思うのですが、太宗は納得しません。お金で釣るようなやり方が気に食わなかったのかもしれません。そこで、太宗は「裁判官の資質任せにしない方法」を提案しました。

昔の人は、人を裁くとき、必ず重臣たちが集まって判決について議論をしたと言わ

れている。我々もそうするべきではないか。これからは死刑判決が出た場合、各省のトップが集まり、それが妥当なものであるかどうか、慎重に議論を重ねようではないか。冤罪を防ぐこともできるに違いない。

太宗のこの指示が実行に移されたことにより、死刑に処される者は四年間で二十九人にまで激減したそうです。

そもそも規則を守らせるとか、違反した者に対して罰を与えるといったことは、「文言による縛り」のようなものです。しかし、文言で人間を縛ることには、限界があります。どんなに厳しくしても、いや厳しくすればするほど、どうしても法の網をすり抜けるようにして悪事を働く人間が出てくるのです。

そうなると、多くの人が「お咎《とが》めがなければいいだろう」と考えるようになります。ひどい場合は「法律なんてちょろいものだ」などと、悪事をなしながら自慢する者さえ出るでしょう。

そんな事態を招かないためにも、法で縛るより、間違いを犯した人間一人ひとりをよく見て、公正に裁かなければいけないのです。この章は、法や規則そのものより、それを運用する人間の公明正大さこそ大事だ、ということを示唆しているのです。

「自反・自省の人」であれ

太宗が名君たりえた理由の一つは、常に自分のことを反省している点にあります。帝王にまで上り詰めたのだから、ふつうなら「よくやったなぁ」と自分を褒めてやりたい気持ちにもなるでしょう。

しかし、太宗は貞観二年、ともに戦ってきた、気心の知れた房玄齢を相手に、こんな心情を吐露しています（「論悔過第二十四　第一章」）。

人間に生まれたからには、大いに学問をしなければいけない。しかし私は若いころ、世の中の平安を求めて、今日は東、明日は西と駆け回り、戦いに明け暮れていた。本をじっくり読む余裕すらなかった。

それは仕方ないにしても、近ごろは世の中も落ち着いてきて、私も朝廷に腰を落ち着ける時間が長くなったというのに、自分で本を読むということがない。情けないことに、もっぱら人に読んでもらっている。人生や政治で大事なことはすべて、書物に書かれているのだから、もっと学ばなければいけないと反省している。

天下を統一して、国の運営も軌道に乗ったというときに、決して驕らず自分を見つめ直す。これはなかなかできることではありません。

太宗の肩を持つわけではありませんが、昔の偉い人たちというのは「本を人に読ませるのが当たり前」でしたから、そう恥じることでもないのです。日本の北条政子や徳川家康だって、おそらく『貞観政要』を自分で読んだことはないと思います。昔は「物読み坊主」といって、時の君主や貴人たちに書を読んで聞かせることを専門とする僧侶がいたくらいなのですから。

それはさておき、ここで太宗は昔の人の言葉を引用しています。

學《まな》ばざれば牆《しやう》面《めん》す。事《こと》に莅《のぞ》みて惟《こ》れ繁《はん》なり。

「学ばなければ、垣根（牆《しょう》）の前にただ立っているようなもの。中の庭園が見えないために、前に進むことができない」という意味です。太宗は「本当にその通りだ」と言いながら、小さいころからの自分の行いを省みているのです。「ああ、もっと勉強しておけばよかった」と。

この気持ちは、実感としてわかる人が多いのではないでしょうか。大事なのは、まだ遅くないと、その反省をいまに生かすことです。あきらめず、大いに学んでください。自反・自省は、こうした行動力を生むためにも必要なものなのです。

リーダーに二言なし

貞観三年のこと、「関中では二年間、関東（函谷関より東の地方）では一年間、税を免じる」という詔《みことのり》がありました（「直言諫争第十　第一章」）。いまでもそうですが、国民にとって税の負担が軽くなることはうれしい限り。太宗の株もいっそう上がったでしょう。ところがその直後、前言を翻《ひるがえ》す詔が出されました。「今年の分は、金も使役・労役も、いままで通りすべて納めよ。翌年、清算する」というわけです。帳尻は合うとはいえ、国民にしてみれば「今年はもう税金を払わなくてもよい」と思っていたので、とんだぬか喜びだったとがっかりです。

就任間もない魏徴は、これに噛みつきました。太宗にこう上書したのです。

陛下の当初の詔に、幼い子から老人まで、どれほど喜んだことでしょうか。歌い、舞うほどの騒ぎでした。それだけに、その後の詔に対する落胆は非常に大きいものでした。人民には、その間にどんな事情があったのか知りようもありません。ただ詔に従うしかないのです。

私自身、最初の詔には「陛下は徳のある政治をする方だな」と感動しました。しかし、時を置かずに前言を否定するような詔を出されたのは、まったくもって残念なことです。君主に二言があってはならないと思います。

今回のことでは、税が免除となる当事者ばかりか、遠い地方の人々まで、国民みんなの信頼を失墜させました。おそらく、重臣たちが国を運営する陛下のためを思って、詔勅を訂正したのでしょう。しかし、税収は上がったかもしれませんが、徳義においいては大きな損失となりました。

わずかの収入と、徳のない君主だと国民の信頼を失うことと、陛下はどちらを優先なさいますか。伏してお願いいたします、私のこの言葉を聞いて、陛下が利害を正しく判断されることを。もし、陛下が怒り、私を打ち首にしたとしても、甘んじてその罰を受ける覚悟で申し上げます。


このころはまだ、太宗と魏徴の関係が一心同体とまではなっていなかったでしょう。けれども、この直言をきっかけに、二人の距離は急速に縮まったように思います。

太宗にとって魏徴は、敵方の兄・李建成の臣下だった人物です。玄武門の変では首謀者のひとりでもありましたから、魏徴は負けた瞬間に首を刎ねられてもおかしくなかった。しかし、太宗は魏徴という人物を高く評価し、自分の臣下としたのです。

私が推測するに、魏徴は、玄武門の変以降の人生を、付け足しのようなものと捉えていたのではないでしょうか。だから、平然と首をかけて直言できた。死に瀕《ひん》する経験をした人間には、どこか、生を達観したところがあるものです。「自分はすでに一度死んだ人間だ。いまさら怖いものなど何もない。正しいと思ったことだけを言い、行動していこう。

それで死刑にされても本望だ」。そんなふうに考えていたのだと思います。

さて、話を戻しましょう。日本でも「武士に二言なし」といって、「信義を重んじる武士が、いったん口にしたことを取り消すなど、もってのほかである」とされてきました。この精神は現代のリーダーにも生きているはずです。それほど、リーダーの言葉とは重いものなのです。逆に言えば、言うことが二転三転するリーダーは、誰からも信用されないということです。

さらに、「リーダーが命令をするときは、慎重のうえにも慎重を重ねるべし」という問答が、「論赦令第三十二　第四章」にも出てきます。貞観十一年に太宗が臣下たちにこう告げています。

詔や律令、規則、律令の施行細則が定まっていなければ、人々を惑わせることになる。不正や悪事も増えるだろう。ただし、いったん出した詔や法律はそう簡単に変更できるものではない。慎重に審議し、長年使える内容かどうかを吟味して出すようにしなさい。

このときに太宗は『周易』と『書経』にある言葉を引いています。

前者は「渙《くわん》のとき其《そ》の大號《たいがう》を汗《あせ》のごとくす」というもの。「体から出た汗をもう一度取り込むことができないように、詔や法律もいったん発布（渙）したら、取り返しがつかない」ということです。「綸言汗《りんげんあせ》の如《ごと》し」（『礼記』）という言葉もあります。

後者は「乃《なんぢ》の令《れい》を出《いだ》すを愼《つつし》め。令出《れいい》づれば惟《こ》れ行《おこな》へ。惟《こ》れ反《はん》せざれ」――「命令を出すときは慎重に。出した以上はこれを実行し、改めてはいけない」というものです。

いずれも太宗の言いたいことを短い言葉で明確に表しています。こういう言葉がすっと出るところは、教養のなせるわざでしょう。

さらに太宗は、こうも言っています。

私が範とする漢の高祖（劉邦）は非常に多忙であったが、その部下であった名宰相の蕭何《しょうか》（張良《ちょうりょう》・韓信《かんしん》とともに、高祖三傑と呼ばれる）は、君主不在の都をよく治めた。その蕭何が出した法律は、一つの思想で一貫したものであった。このことを胸に留めて欲しい。

「歴史上の名君・名宰相に学べ」というわけです。ただし逆にいうと、太宗が王朝を開いて十一年を経た唐は、国家の根本である法律について、君主自らがこれだけのことを言わなければならないほど、少したるんだ状況にあったことが見てとれます。

国の現状を見ながら、世の中や政治の乱れを引き締めることもまた、リーダーの大切な役割です。

太宗と「貞観の治」

ここで、太宗のリーダーとしての資質と、それがどのように政治に生かされたのかをみておきましょう。

太宗こと李世民は、高祖・李淵の次男として、古代中国の長安一帯を含む地域、陝西省《せんせい》の咸陽《かんよう》市武功《ぶこう》県に生まれました。咸陽市は、かつて秦王朝の首都として栄えたところです。父は隋王朝に将軍として仕えていました。

李世民という人物を考えるとき、この「次男である」ということが、一つのポイントになります。

昔から、どの家庭でも長男というのは、子育ての〝実験台〟のようなものです。いろんなことをやらせてみて、試行錯誤で教育するしかありません。その一方、少々過保護になることもあり、親に対して依存心の高い子に育ってしまう場合も多々あります。

次男は、そんな長男をじっと観察しています。長男のやることなすこと、いいところ悪いところを見て、どんどん学習するのです。そうして出来上がるのが「ぼんくらな長男、出来のいい次男」という構図。太宗はその典型で、幼いころからとてつもなく優秀でした。

もっとも、こんなことを言うと、少子化の進む日本は長男・長女だらけですから、反発を買うかもしれません。もとより、長男・長女を貶《おとし》めようという意図はありません。大事なのは、子どもが子ども同士、とくに二、三歳年上の子と交流することです。次男が長男を見て学ぶように、年少の子は年長の子から、多くを学ぶことができます。

昔の薩摩藩の郷中《ごじゅう》教育は理想的です。薩摩では、藩を三十ほどの地区に分けて（郷中）、年上の子が年下の子の面倒を見ながら、みんなで学ぶという教育システムが構築されていました。「地区の子どもたちはみんな兄弟」という視点から、地域ぐるみで教育に取り組んでいたのです。

いまの子どもたちも、学校という容《い》れ物の中だけではなく、野球やサッカー、水泳など、地域のクラブチームに参加させれば、郷中教育と同じような効果が得られると思います。いろいろな年代の子どもたちと交流するなかで〝次男的気質〟を磨くことも可能でしょう。

『旧唐書《くとうじょ》』によると、李世民は「幼にして臨機果断、小節に拘《こだわ》らず、時人よく測るなし」という人物。幼いころから時機に応じて大胆に行動し、かつ正義感にあふれた、並はずれて利発な少年だったようです。

青年期を過ごしたのは、混乱を極めた隋末の時代に当たります。人民が各地で反乱を起こし、有力な武将のなかにも、煬帝を討伐しようと軍をあげる者が出ていました。

この時代背景にあって、李世民は大胆不敵にならざるをえなかった。言い換えれば、本来は繊細な人間なのに、自分を捻《ね》じ曲げて捻じ曲げて、強くなったような気がします。

この「自分を捻じ曲げる」というのもポイントです。自分の性格とは正反対の人物を目指すとなると、もともとそういう素質のあった人の何倍、何十倍もの努力を要します。だからこそ、磨かれていくのです。

成功者といわれる人は、自分の弱点・欠点を捻じ曲げて、正反対の資質を強化した人が多いようです。本当の強さというのは、捻じ曲げたところからできてくるのだと思います。

それはさておき、太原地区の軍司令官を任じていた父・李淵は、隋末期、政権に反旗を翻した者のひとりでした。李淵は、息子の世民に尻を叩かれるようにして、六一七年に挙兵し、長安に入城。と同時に、煬帝の嫡孫である代王侑《ゆう》を帝位につけ（恭帝《きょうてい》）、自らはその下で実権を握ったのでした。

事ここに至って、情勢が大きく動きます。何と、難を避けて江南の揚《よう》州に逃れていた煬帝が、翌六一八年に臣下に殺されてしまったのです。これをもっけの幸いとして、李淵は恭帝を降ろして帝位につき、唐王朝を開いたのです。

こうした一連の動きの立役者こそが李世民です。二十歳を過ぎたばかりの若さで、秦王に封じられました。このとき、兄の建成は世継ぎの太子に立てられています。

しかし、新王朝はまだわずかに長安周辺の地域を支配下に置いていたに過ぎません。全国各地には、いくつもの敵対勢力が割拠していました。彼らを叩きつぶさなければ、確固たる国をつくることはできません。李世民はその役を一手に引き受け、彼らを次々と破っていったのです。

こうして唐は、李世民の勇猛果敢な働きによって、創業の危機を乗り越えることができました。高祖・李淵も太宗を高く評価し、報いとして、「天策上将」という特別の位を与えました。

問題は、長男の李建成よりも次男の世民のほうが、人民たちから高い声望を得たことです。建成は世継ぎでありながら、存在が霞《かす》んでしまいました。やがて危機感を募らせた建成は、末弟の李元吉と手を組み、世民を亡き者にしようと考えるようになったのです。後に諫議大夫に登用される魏徴と王珪は、このときは建成に仕えており、「いまこそ世民を討つべきだ」と進言した人物です。

血を分けた兄弟の骨肉の争いの幕が切って落とされようとしたとき、先手を打ったのは世民でした。建成らの不穏な空気を察知した彼は、六二六年六月、腹心たちとともに決起し、長安城の北にある玄武門で、建成と元吉の二人を討ち果たしました。

言ってみればこれは宮廷内クーデターですが、世の中は意外と平静に受け止めたようです。実力から見ても、人民の声望から言っても、世継ぎには李世民のほうがずっとふさわしいと、誰もが思ったからでしょう。

かくして同年八月、李世民は高祖の譲位を受けて、帝位に上りました。そして翌六二七年に貞観と改元し、六四九年に死去するまで、二十三年間にわたって君臨したのです。

その間、太宗は政治に真摯に取り組み、後世に「貞観の治」と讃《たた》えられる、平和で安定した世の中を築きました。この〝基礎固め〟をしっかり行ったことで、唐は長期にわたって政権を維持することができたわけです。

では、「貞観の治」とは、どんな世の中だったのか。それは「政體第二　第十八章」に総括的に書かれています。「この国では、行商人たちが野宿をしても、盗賊に襲われる心配がない。罪を犯す者がほとんどいないので、牢獄はいつも空だった。牛や馬が盗まれることもないので、彼らは野原で伸び伸びと放牧されていた。民家のなかには、何カ月も鍵をかけたことのない家もあった。豊作続きで、米の値段はとても安かった。旅行者のために交通網が整備され、しかも行く先々で食料が供給されるので、旅人は重く大きな荷物を背負わずにすんだ。山東地方の村落では、旅行者を手厚くもてなすばかりか、贈り物をする者まであった」とあります。

この章の締めの言葉は「**此《こ》れ皆《みな》、古昔《こせき》未《いま》だ之《こ》れ有《あ》らざるなり**」――歴史を振り返っても、比べるものがないほどのすばらしい国だった、というのですから、本当だろうかと疑いたくなるほどです。

たしかに、多少の誇張はあるかもしれませんが、貞観の世が大筋において安定していたことは事実でしょう。『貞観政要』は全般的に、太宗が諫議大夫たちから諫められる場面が多々織り込まれていますし、「太宗の治世をことさらに美化しよう」という目論見は、さほどないように思います。

太宗は、晩年は少々、自分本位なところも出てきますが、おおむね「名君」と呼ぶにふさわしい人物であったことはたしかでしょう。

第　三　講

人材登用の極意

狎れ合いの関係が、組織をつぶす

組織が、創業から守成・守文の継続期へと転じるとき、リーダーがもっとも重視しなければいけないのは、上層部のメンバーを再考し、場合によっては一新することです。

その理由は二つ。

一つは、創業時のメンバーは武力、すなわち戦う能力には長けているけれど、安定継続期に中枢のポジションにつけても、その力を十分に発揮できるとは限らないからです。

守文においては、敵を次々になぎ倒していくような能力よりも、組織をまとめて「世のため人のために尽くす集団」へと転換させる能力が求められるからです。

典型的な失敗例は、明治の維新政府です。さすがに『書経』をひもといた西郷南洲《さいごうなんしゅう》はわかっていたと言うべきでしょう。彼は、「官軍として戦っていたときの豪傑たちの働きはすばらしかった。しかし、彼らがそのまま新政府の中枢に居座っていていいものか、大いに疑問が残る」と言いました。

南洲の言うように、本来ならメンバーを一新するべきだったのです。幕末の志士たちには論功行賞、つまり金と名誉職で報い、政府の要人には実務型の人間を当てる。そうすれば、その後、繰り返し戦争に首を突っ込んで消耗していった日本の近現代史は、違うものになっていたでしょう。

もう一つの理由は、前にも触れたように、創業時のメンバーはいわば戦友で、人間関係が〝なあなあ〟に陥りやすいことです。仲が良すぎて、狎《な》れ合ってしまうのです。

みなさんにも思い当たるところがあるでしょう。ともに力を合わせて一つの事を成し遂げた仲間には、どうしたって点数が甘くなります。

「それは間違っているのではないか」などと思っても、厳しく指摘しないで、つい見逃してしまう。心にふと、「あいつには昔、ずいぶん世話になったからな」とか「旧来の関係にヒビが入ったら、イヤだからな」といった思いがよぎるからです。

この二つめの理由が、守文においては最も怖いことです。太宗も、貞観元年に早くも、その危機を実感させられるような〝事件〟に遭遇しています。

それは、詔勅をめぐる問題でした。詔勅というのは、中書省《ちゅうしょしょう》で起草され、門下省《もんかしょう》が発布することになっています。先に述べたように、詔勅は非常に重いものですから、間違いがあってはならない。そこで「二重チェック体制」にし、二つの役所で内容を十分に精査するシステムになっていました。
ところが、〝戦友〟たちは狎れ合いから、議論を避けている。「政體第二　第二章」で太宗はそう指摘しています。ここは、現代のリーダーの心に非常に響く部分だと思いますので、読んでみましょう。

人《ひと》の意見《いけん》は、毎《つね》に同《おな》じからざる或《あ》り。是非《ぜひ》する所有《ところあ》るは、本《もと》、公事《こうじ》の爲《た》めなり。或《あるい》は己《おのれ》の短《たん》を護《まも》りて、其《そ》の失《しつ》を聞《き》くを忌《い》み、是有《ぜあ》り非有《ひあ》れば、咸以《みなもつ》て怨《うらみ》と爲《な》す有《あ》り。或《あるい》は苟《いやし》くも私隙《しげき》を避《さ》け、顔面《がんめん》を相惜《あひをし》み、非《ひ》を知《し》れども正《ただ》さず、遂《つひ》に卽《すなは》ち施行《しかう》する有《あ》り。

人によって意見は違うものだが、詔勅が道理にかなったものであるか、そうでないかはよくよく議論しなければならない。それなのに、自分が間違っていると指摘されるのは嫌だと思ったり、指摘した人のことを怨《うら》みに思ったりしているように見受けられる。あるいは、互いに気まずくなることはしないようにしよう、相手の顔をつぶすようなことは言わないでおこうなどと考え、明らかに間違っているのにそれを正そうともしない。そんなふうだと、国民のためを考えるという大事な視点が抜け落ち、とんでもない詔勅が出てしまうではないか。

なかなか鋭い指摘です。企業でも社員どうし、変に仲良くなると、互いに顔色をうかがって、言いたいことも言わずに過ごすようなことはよくあります。ひどい場合は、会議の席などで厳しく指摘する人に対して「俺の面子《メンツ》をつぶす気か」なんて逆ギレする人がいたり、指摘されたことを逆恨みしていやがらせをする人がいたりで、言いたくても腰が引けるところもあるでしょう。

しかし、そんなまやかしの人間関係を守ることよりも、いい仕事をすることのほうがずっと大事なはずです。そもそも、信頼で結ばれた人間関係が築かれていれば、言いたいことをズバズバ言っても、それで関係が崩れてしまうことはないはずです。

太宗はこのくだりに続けて、こう言います。

一官《いつくわん》の小情《せうじやう》に違《たが》はんことを惜《をし》み、頓《とみ》に萬人《ばんじん》の大弊《たいへい》を爲《な》す。此《こ》れ實《じつ》に亡國《ばうこく》の政《まつりごと》な

り。

非常に厳しい言い方です。「一役人の感情を傷つけないように気をつかっていると、国民が、国家が、大きな害を受ける。そんなものは国をつぶす政治でしかない」としています。

トップ層に〝戦友組〟が残っていたとしても、早い時期にこんなふうに釘を刺しておくと、〝なあなあの人間関係〟を排除することもできるでしょう。とはいえ、これはあくまで一時的な処置とすべきではないでしょうか。根本的には、トップ層の入れ替えを進めていくことが肝要です。

互いの間違いを指摘し合える雰囲気がなくなると、悪いものが隠蔽され、組織の奥深くに沈んでいってしまいます。やがて、その悪いものがどんどん堆積されていくと、組織は内側から腐っていくのです。

組織が崩壊するときというのはたいてい、外側からの影響よりも内側からの腐敗によるところが大きいのです。

これに続くくだりで、太宗は、隋の役人たちを悪い手本として取り上げています。

隋王朝に仕えていた役人たちは、どっちつかずの態度でいたために、亡国の大乱を招いた。ほとんどの者が〝なあなあの人間関係〟にあって、その問題の重大さを考えることもなかった。そうしていれば、自分の身に害はおよぶまいと、事なかれ主義でいたのだろう。おかしいと思うことがあっても、表面的にはそれに従いつつ、陰で悪口を言っていたのだ。

しかし、そんなことが積もり積もって、一気に大乱が起きた。たとえ命からがら逃げ延びたり、刑罰や殺戮《さつりく》を逃れたりすることができたとしても、その者たちは大変な苦労を免れえなかった。そればかりか彼らは、世論の手ひどい非難・排斥の攻撃を受け、いまでは隋王朝に仕えていたことすら大っぴらに言えない状況だ。

諸君たちも〝なあなあの人間関係〟に甘んじていると、隋の役人たちのような結末を迎えるぞ。

そして最後に、こう指示を出しました。

卿等《けいら》特《とく》に須《すべから》く私《わたくし》を滅《めつ》して公《こう》に徇《したが》ひ、堅《かた》く直道《ちよくだう》を守《まも》り、庶事《しよじ》相啓沃《あひけいよく》し、上下《しやうか》雷《らい》同《どう》する勿《なか》るべきなり。

「役人は自分のことは後回しにして、公のために尽くしなさい。正しい道を守り、お互い遠慮せず、腹蔵《ふくぞう》なく議論しなさい。上の者と下の者が付和雷同するようなことはあってはならない」と言っています。

日本人はとくに「和を以て尊しと為す」を大事にする国民ですから、人と争うことを嫌う傾向が顕著です。けれども、和を尊ぶことと、「言うべきことを言わないで事なきを得る」こととは違います。

求めるべきなのは、仲間内の和ではなく、何を目的に仕事をするのか、ということです。ことにリーダーは、部下たちがその本質を見失わないように、つねに気を配る必要があります。

人事は「ポジションありき」ではない

組織の人事というと、「まずポジションがあって、そのポジションに誰を当てはめていくかを考える」、というふうに捉える人が多いのではないでしょうか。

ひところ多くの企業では、管理職ポジションが足りなくなって、新しく創設するといったことも行われました。ポジションが満杯になってしまい、「けっこうなキャリアを積んでも、ヒラのまま」という人が増えてしまったからです。

かと思うと、上層部がこぞって辞めるなどして、逆にポジションのほうが余ってしまう場合もあります。そのときに「空席にしておくわけにもいかないから、しょうがない、まだ実力不足だけれど、とりあえずポジションを与えておくか」という具合に、ふさわしくない人物を配置することになります。

いずれも、「ポジションありき」の考え方です。太宗は「それではダメだ」と言っています。「論擇官第七　第一章」に、貞観元年、新国家の人事を決めようというとき、房玄齢らに以下のように指示したとあります。

理《り》を致《いた》すの本《もと》は、惟《た》だ審《つまび》らかに才《さい》を量《はか》り職《しょく》を授《さづ》け、務《つと》めて官員《くわんゐん》を省《はぶ》くに在《あ》り。故《ゆゑ》に書《しょ》に称《しょう》す、官《くわん》に任《にん》ずるは惟《た》だ賢才《けんさい》をせよ。

理にかなった政治を行う根本は、採用する人材をよく吟味し、その能力に応じた役職を与えることで、人員が過大にならないよう努めることにある。『書経』にもあるように、重要な職には、真に優秀な人間だけを登用するようにしなさい。

ここで重要なのは、「省」の文字です。日本の官庁にもいろんな「省」がありますが、これはもともとは、「不要な人員は省いて、適正な人数で組織を構成する」という意味なのです。太宗の言う「務めて官員を省くに在り」はまさにそのことです。わかりやすく言えば「組織図に人を当てはめていくのではなく、能力本位で登用しなさい」ということです。

これに続けて太宗は、「非常に優秀な人材が得られれば、その人に二、三の役職を掛け持ちさせればよい。人材不足だからと、仕事のできない人間を登用しても、単に席が埋まっているだけで、肝腎の仕事はちっともはかどらないではないか」とも言っています。「その役職にふさわしい能力がなく、ろくな働きをしない人間など、絵に描いた餅だ」——ここまで辛辣な言い方をしているのです。

こういうくだりを読むと、「自分は本当の意味での人事を行っていなかったな」と、反省するリーダーも少なくないのではないでしょうか。

人材を適材適所に配置するということは、まず、ムダな役職やポジションをつくらないこと。これは「少数精鋭」にも通じる考え方です。

なぜ、少数精鋭がいいのか。それは、責任のあるポジションについている人間が少ないほうが、意思の疎通がしやすいからです。ポイントは、全体の人員を減らすことを目的とするのではなく、ポジションそのものを減らすことにあるのです。そうすれば、意思決定が素早くなる。贅肉のない引き締まった組織になります。

話はまだ続きます。この命令を受けて、房玄齢は「かしこまりました」と最低限必要な役職者の人数を割り出しました。

その数は六百四十三人。太宗も納得したものの、もう一つ、注意を与えました。それは、

「いったん人事を発令したら、正規に採用されていない人のなかから、技術的に役職者を凌《しの》ぐ者が出てきても、すぐに首をすげ替えるようなことをしてはいけない」ということです。

なぜでしょうか？

実力本位の人員配置からすると、矛盾があると感じますが、太宗はこう言っています。

下の者に抜かれた役職者の気持ちになってみなさい。自分は正規に任命されて頑張ってきたのに、ないがしろにされたように思うのではないか。そうやって、本来優秀な人材の気持ちを腐らせてしまうのはよくない。

正規ではないが技術の秀でた者には、ポジションではなく、報奨金や絹などの賞品をもって報いなさい。いったん機構を決めたら、そう簡単に変えてはならない。

第二講で述べた「リーダーに二言なし」と同じで、辞令は重いものだから、人事もまた慎重に取り計らわなければいけない、ということです。

部下の気持ちを汲むという意味では、太宗はなかなかの人情家に思えるかもしれませんが、そうしたとらえ方よりも、人間心理のリアリズムを冷徹に見極めているというほうが的確でしょう。

寝ても覚めても人材

貞観三年、太宗は「私は毎晩、国民は幸せに暮らしているだろうかと心配でたまらず、夜中まで眠りにつくことはできない」と洩らしています。

その心配の種は、地方の長官たちがしっかり政治を行っているか、というものでした。国としての政策は当然周知してあるものの、現実にそれが守られ実践されているのか、自分の目でチェックすることは難しいからです。

なにしろ、中国は広大無辺な国ですから、どうしても君主の目が届きにくい。それだけに人事は最重要課題ですし、君主にとっては大きな懸念事項でもあるわけです。

そこで太宗は、全土の地図を描いた屏風に、それぞれの地方の長官の名前を記入し、寝ても覚めても、これを眺めていました。さらに、どの地方の誰に、いつ、どういう善行があったかという記録まで、書き加えていたといいます。

「国が治まるか、乱れるか、その多くは地方長官の手腕にかかっている。何としてでも地方には、優秀な人材を配置しなければいけない」

太宗のこの思いは、全国、いや世界中に支社を持つ組織のトップや、部門のリーダーには身に沁みてわかるのではないでしょうか。四六時中悩んでもなお足りないくらいです。

『史記』に、お手本とすべきエピソードがあります。周王朝で手腕を振るった政治家として知られる周公旦《しゅうこうたん》という人物に関するものです。彼は、兄である周の武王を補佐して殷討伐に貢献し、武王亡き後は摂政として、国家の基礎を築きました。

その周公旦は、後に魯《ろ》の君主となった息子の伯禽《はくきん》に対し、次のように諫めたと伝えられています。

我《われ》、天下《てんか》に於《お》いて亦《ま》た賤《いや》しからず。然《しか》れども我《われ》は一沐《いちもく》に三《み》たび髪《かみ》を捉《と》り、一飯《いっぱん》に三《み》たび哺《ほ》を吐《は》き、起《た》ちて以《もっ》て士《し》を待《ま》つ。猶《な》ほ天下《てんか》の賢人《けんじん》を失《うしな》はんことを知《し》る。

私は幸いにして高い位につく者ではあるが、それでも優秀な者が現われたと聞けば、何をおいても応対したものだ。髪を洗っている最中に三度も髪を握って出て行ったこともあるし、食事中に三度も口のなかの食べ物を吐き出して会ったこともあるほどだ。とにかく、優秀な人材を逃すことを、私は何より恐れていたからである。

そう偉くはない人でも、ふつうなら、「いま、取り込んでいるから、出直してくれ」と言いそうなところでしょう。しかし周公旦ほどの人が、何よりも優秀な人材との面接を最重視したのです。そのくらい、トップは人材登用に熱心でなければならない、ということです。

このエピソードは「握髪吐哺《あくはつとほ》」もしくは「吐哺捉髪《とほそくはつ》」という四字熟語として、いまに伝えられているほど有名な話です。

もし、みなさんが、採用活動を軽視したり後回しにしたくなったら、この言葉を思い出してください。

優秀な人材を得る機会を失うこと、それ自体が、組織の行く末を危うくする要因のひとつなのです。リーダーの仕事として何よりも優先すべきものなのだと心得てください。

「人材がいない」は職務怠慢

「いい人材がいなくて……」などと嘆く声をよく聞きます。もし、太宗がそれを聞いたら、厳しく叱咤《しった》することでしょう。

実際、「論擇官第七　第三章」で太宗は、尚書右僕射《うぼくや》という役職の封徳彝《ほうとくい》に対し、「積極的に人材を求めようとしていない」と、きつい口調で誡《いまし》めています。政務の執行機関である尚書省で、右僕射という地位にある封徳彝は、太宗にとって側近中の側近です。

さて、太宗はどんなふうに叱ったのか。解説を補いながら〝超訳〟しておきます。

特別な才能のある人物が見当たらないと君は言うが、もとより私はそんな人材を求めてはいない。器にはそれぞれ用途があるように、人材についても「この人のこの能力は、この仕事に使える」という観点から求めればよいではないか。

いまの時代によい人材がいないからといって、別の時代から呼んでくるわけにもいかない。歴代の政権もみな、その時代の人間を引っ張ってきたのだ。

殷の高宗（武丁）の側近のひとりは、高宗が夢に見たという人物の顔貌をしかと胸に刻み、全国を探し回った。そして、ある工事現場の作業人がこれによく似ていると言って、彼を推挙したというではないか。そうして探し当てた人物が後年、実際にナンバーツーになったのだ。

また、周の文王は猟に出たとき、釣りをしている呂尚《りょしょう》（釣り師の異称ともなった太公望）を見て、なかなかの人物だと思って語り合った。その呂尚が後に、優秀な軍師になったという言い伝えもある――。

そして最後の〝決め台詞《ぜりふ》〟がこうです。

何《なに》の代《だい》か賢無《けんな》からん。但《た》ゞ《だ》遺《のこ》して知《し》らざるを患《うれ》ふるのみ。

「いつの時代も『優秀な人材がいない』などということはない。私は、実際に優秀な人材がいるというのに、こちらがその存在を見出《みいだ》してないのではないかと憂《うれ》いているのだ」

――ここまで言われて、封徳彝は赤面し、すごすごと退出したのでした。

ようするに太宗は、「人材がいないと嘆くだけで、ただ現われるのを待っているようでは、職務怠慢だ」と叱ったわけです。

また貞観三年には、杜如晦を相手にこんな苦言を呈しています（「論擇官第七　第五章」）。

最近の採用を見ていると、言葉づかいや文章力だけで人物を評価しているのではないか。その人がいままでどんな優れた行いをしてきたのか、これから何ができそうなのか、そこをもっと調べ上げなくてはいけない。

そうでないと、採用して数年経《た》ってから、素行の悪さが表面化する。もちろん、そんな人間は刑罰を受けるが、それで一件落着とはいかない。その出来の悪い役人のせいで、国民はすでに害を被っているのだから。

ダメな役人に罰を与えることより、そもそもその必要がないよう立派な人間を採用することにこそ、力を尽くさなければならないはずだ。

これに対して杜如晦は、唐以前に長期政権を築いた前漢・後漢の人事について述べています。

漢の時代、採用に際しては、役人が一人ひとりの郷里まで訪ねて、どういう人物であるかを聞き、しっかり裏付けを取って、採用していたそうです。ゆえに当時は、人材の豊富な時代だと言われています。

しかし、いまは毎年、数千人もの候補者がいるので、そこまでのことはできません。しかもみな、上手に外見を飾り、言葉も巧みなので、人間性を知るのはなかなか難しいのです。

太宗にしてみれば、「そんな言い訳はするな」というようなものでしょう。「漢に倣って、しっかりとした人事戦略を立てればよいではないか」と一刀両断にしました。

これがきっかけとなり、たまたまこのとき、「重要なポストについては世襲制にしてはどうか」と考えていた臣下たちもいたのですが、それを取りやめたといいます。

この話はそのまま、いまの日本の企業の採用方法にも当てはまります。大企業では、とりあえず書類選考でふるいにかけなければ対応できません。とても太宗の言うように、とことん人物を精査するなんて不可能です。

それでも、大学での成績や、ペーパーテストの点数、模範解答を絵に描いたような面接での物言い、そつのない立ち居振る舞いなど、表面的なことだけを採用基準とすることには、大いに疑問が残ります。実際、採用がうまくいかなくて、頭を悩ませているリーダーは多いのではないでしょうか。

人の本性を見抜く方法については次項で述べますが、まずはこれまで以上に真剣に、人材の発掘と登用に臨むことを考えてみてください。

六観――人物を見抜くポイント

人材を登用する際には、その人物の本当のところを見極めなければなりません。

また、部下の直言を取り入れるにしても、そもそもその部下が正しいことを言う人物かどうかを、見極めておかねばなりません。なかには、間違ったことを正しいと信じて直言する人もいます。直言の内容よりも、むしろ信頼に足る人物であるか否かが、本来問われるべきところです。

貞観十四年、「論擇官第七　第十章」では、魏徴が「人物を見抜くポイント」について述べています。この六つのポイントは「六観《りくかん》」と呼ばれ、非常に有名なものです。

【一】貴《たつと》ければ則《すなは》ち其《そ》の擧《あ》ぐる所《ところ》を観《み》る

一定の地位にある者に対しては、その人がどんな人物を登用・抜擢するかを見よ。

【二】富《と》みては則《すなは》ち其《そ》の與《あた》ふる所《ところ》を観《み》る

裕福な者に対しては、その人が他人にどういうものをふるまうか、富の使い道を見よ。

【三】居《を》りては則《すなは》ち其《そ》の好《この》む所《ところ》を観《み》る

自宅でくつろいでいるとき、その人が好んでなすことを見よ。

【四】學《まな》べば則《すなは》ち其《そ》の言《い》ふ所《ところ》を觀《み》る

みんなで学んでいるとき、その人がどんなことを言うかを見よ。

【五】窮《きゆう》すれば則《すなは》ち其《そ》の受《う》けざる所《ところ》を觀《み》る

いかに生活に困窮しても、その人が「それだけは受けられません」と拒否するものを見よ。

【六】賤《いや》しければ則《すなは》ち其《そ》の爲《な》さざる所《ところ》を觀《み》る

出世に見放されたような者に対しては、「これだけは譲れない」という筋がしっかりしているかを見よ。

どうでしょう、なかなかユニークな視点だと思いませんか？

たとえば、これに則《のつと》ってそれぞれ逆の人物を思い浮かべてみると、

「優秀でもない身内を、あえて登用するような人」

「金持ちなのに、自分が得すること（たとえば賄賂など）にしかお金を使わない人」
「休みの日は一日寝て過ごしたり、ギャンブルに興じたりする人」
「何を学んだのかと思うくらい稚拙な意見しか言えない人」
「どんなに生活に困っても、手を出してはいけないものを受け取る人」
「昇進できないからとヤケを起こしたり、道に外れたことをなす人」

こうした人物は信用できない、というふうになりますね。

どういう状況のときにどう行動するか。ここをしっかり見ずに、ペーパーテストや面接のような表面的な言動だけで人物を見抜くことは、ほぼ不可能なのです。

これに関連して、よく『窮』と『賤』というのは不遇の人だと思うが、そのなかで優れた人とはどんな人物のことか」という質問を受けます。

人をいかに見抜くかという話で、私がいつも思い浮かべる人物は、幕末期に活躍した山田方谷《ほうこく》です。方谷は、かの有名な儒学者・佐藤一斎《いっさい》の弟子で、備中《びっちゅう》松山藩（現在の岡山県高梁《たかはし》市）の藩政改革を成し遂げたことで知られています。

なにしろ十万両もあった藩の借財を、八年間で十万両の蓄財にまで変えたというのですから、国や地方を問わず財政再建が求められる現代にあって、これから再び注目される人物ではないかと思います。

その方谷が著した『理財論』のなかに、象徴的なくだりがあります。話はやや脱線しますが、ここだけ読んでおきましょう。

一介《いっかい》の士《し》、粛然《しゅくぜん》として赤貧《せきひん》なり。室《へや》は縣磬《けんけい》の如《ごと》く、瓶中《へいちゅう》には塵《ちり》を生《しやう》ず。而《しか》して脱《だつ》然《ぜん》として高視《かうし》し、別《べつ》に立《た》つところあり。而《しか》れども富貴《ふうき》はまた従《したが》つて至《いた》る。財《ざい》の外《そと》に立《た》つ者《もの》なり。

匹夫匹婦《ひっぷひっぷ》の希《ねが》ふところは數金《すうきん》に過《す》ぎず。而《しか》るに終歳齷齪《しうせいあくせく》し、これを求《もと》むれど得《え》ず、飢《き》餓困頓《がこんとん》し、つひに以《もっ》て死《し》するに至《いた》る。財《ざい》の内《うち》に屈《くつ》する者《もの》なり。

ここに志のある者がいる。どこから見ても赤貧洗うが如し。住む家はさっぱりと何もなく、日々の食べ物さえほとんどない。しかし、超然としてゆったり構え、高い視点に立って見識を磨き、世のため人のために力を尽くす。そんなふうに暮らしていると、いつの間にか裕福になるものだ。なぜなら、その崇高な暮らしぶりが評判になり、高い禄《ろく》で雇いたいという者が現われるからだ。彼は、財の外に立っている者である。
一方、つまらない人間たちは、お金がもう少しあればなぁ、とだけ願っている。そのわずかな金のために一生あくせくするが、求めても得られず、腹を空《す》かせ疲れ果てたまま死んでいく。彼らは財の内にいて、財に屈する者である。

何とも明快な議論です。とくに後半部分は「耳が痛い」と感じる人が多いのではないでしょうか。逆説的な言い方ですが、「お金のことを考えない人のところにこそ、お金はやって来る」ということです。

六正六邪――組織の命運を握る部下のあり方

さて、話をもとに戻しましょう。
春秋時代から漢の初めまでの歴史に名を残した〝有名人〟のエピソードを記した『説《ぜい》

苑《えん》』という書物があります。魏徴は、これをもとに「六正六邪《りくせいりくじゃ》」を定義しています（「論擇官第七　第十章」）。

「六正六邪」とは、臣下のあり方として正しいこと、間違ったことが、それぞれ六つずつあげられているものです。ここで魏徴は、「六正」を修得し実践すれば組織は栄え、「六邪」を退けられなければ組織は衰退する、と明言しています。

まず「六正」を見てみましょう。ビジネスパーソンの皆さんは、君主をトップ、臣下を現場の責任者というふうに置きかえて読んでみてください。

【一】萌芽未《はうがいま》だ動《うご》かず、形兆未《けいてういま》だ見《あら》はれざるに、照然《せうぜん》として獨《ひと》り存亡《そんばう》の機《き》を見《み》て、豫《あらかじ》め未然《みぜん》の前《まへ》に禁《きん》じ、主《しゅ》をして超然《てうぜん》として顯榮《けんえい》の處《ところ》に立《た》たしむ。此《かく》の如《ごと》き者《もの》は聖臣《せいしん》なり。

一つめは、将来起こりうるであろう問題を、その気配もない芽のうちに、いち早く摘み取ること。

どんな一大事も、ある日突然降ってわいてくるわけではありません。多くの場合、問題が起きてから振り返り、「あのときに対処しておけば」と後悔するものです。

君主がすべての現場をつぶさに見て回るのは不可能ですから、頼りになるのは現場を監督する責任者の鋭い観察力だけです。部下のちょっとした態度や言葉づかい、また状況のかすかな変化などを敏感に捉えて「放っておいたら、大変なことになる」と気づくこと。そしていち早く手を打つ、もしくはトップに報告することのできる能力が求められます。

それによって君主の地位と繁栄を守る臣下を、魏徴は「聖臣」としています。

【二】虚心白意《きよしんはくい》にして、善《ぜん》に進《すす》み道《みち》に通《つう》じ、主《しゆ》を勉《つと》めしむるに禮義《れいぎ》を以《もつ》てし、主《しゆ》を喩《さと》すに長策《ちやうさく》を以《もつ》てし、其《そ》の美《び》を將順《しやうじゆん》し、其《そ》の惡《あく》を匡救《きやうきう》す。此《かく》の如《ごと》き者《もの》は良臣《りやうしん》なり。

二つめは、虚心坦懐で、人として正しい道がわかっていること。

君主に対して、周囲から立派な人物であると高く評価されるようアドバイスし、また長期的ビジョンを示し、君主の美点を伸ばして欠点を救うことができなければいけません。

トップはときに権勢に溺れてしまったり、ひとりよがりの考えから組織の舵を間違った方向に切ってしまったりすることが多々あります。そういうことがないよう、傍らでしっかりとサポートしてくれる現場のリーダーが必要なのです。

こういう臣下を、魏徴は「良臣」としています。

【三】夙《つと》に興《お》き夜《よは》に寐《い》ね、賢《けん》を進《すす》めて懈《おこた》らず、數〻《しばしば》往古《わうこ》の行事《かうじ》を稱《しやう》して、以《もつ》て主《しゆ》の意《い》を勵《はげ》ます。此《かく》の如《ごと》き者《もの》は忠臣《ちゆうしん》なり。

三つめは、朝早くから夜遅くまで勤勉に働き、優秀な人材の登用に励む一方、君主に対しては、昔の名君の立派な行いを説くなど、篤《あつ》くサポートすること。人材登用については前述した通りです。加えて歴史・古典に学んだ視点から、トップに的確なアドバイスができる能力を意味します。

こういう臣下を、魏徴は「忠臣」としています。

【四】明《あきら》かに成敗《せいはい》を察《さつ》し、早《はや》く防《ふせ》ぎて之《これ》を救《すく》ひ、其《そ》の間《かん》を塞《ふさ》ぎ、其《そ》の源《みなもと》を絶《た》ちて、禍《わざはひ》を轉《てん》じて以《もつ》て福《ふく》と爲《な》し、君《きみ》をして終《つひ》に已《すで》に憂《うれひ》無《な》からしむ。此《かく》の如《ごと》き者《もの》は智臣《ちしん》

なり。

四つめは、ことの成り行きを見ながら、成功するか、失敗するかを迅速正確に予測できること。

失敗が予測される場合、危険を回避する策を打つのはもちろん、トップと現場の責任者、もしくは現場責任者とその部下たちとの間で、意思疎通に問題がないかを確認し、調整できる人でなければいけません。

結果が出てから、「何か嫌な予感がしたんだよ」などと言っても意味がありません。「嫌な予感」があれば、「禍《わざわい》を転じて福となす」という観点から改善していくのが、優秀な臣下なのです。

こういう臣下を、魏徴は「智臣」としています。

【五】文《ぶん》を守《まも》り法《はふ》を奉《ほう》じ、官《くわん》に任《にん》じ事《こと》を職《つかさど》り、禄《ろく》を辞《じ》し賜《し》を譲《ゆづ》り、衣《い》食《しよく》節倹《せつけん》す。此《かく》の如《ごと》き者《もの》は貞臣《ていしん》なり。

五つめは、いまの言葉で言うならコンプライアンス、すなわち法令を遵守し、自分は高給を辞退して、賞讃・評価は部下に譲るくらいであること。質素倹約をモットーに清廉潔白に生きることこそが、トップの右腕たる者の本分だと言います。

こういう臣下を、魏徴は「貞臣」としています。

【六】國家《こくか》昏亂《こんらん》するとき、爲《な》す所《ところ》、諛《へつら》はず、敢《あへ》て主《しゅ》の嚴顔《げんがん》を犯《をか》し、面《ま》のあたり主《しゅ》の過失《くわしつ》を言《い》ふ。此《かく》の如《ごと》き者《もの》は直臣《ちよくしん》なり。

六つめは、国家が混乱したときに、君主をあえて諫めること。君主にとって良い臣下とは、君主に媚《こ》びへつらう者ではなく、耳の痛いことを面と向かって直言する者です。

こういう臣下を、魏徴は「直臣」としています。これに関してはまた後ほど詳述します。

以上が「六正」。立派な臣下のタイプを六つあげたというよりは、臣下として身につけなければならない六つの資質と捉えていただいてよいでしょう。

次に「六邪」です。概《おおむ》ね「六正」の逆を考えていただければ、わかりやすいと思います。

「具臣《ぐしん》」――官職に安住し、高給を貪《むさぼ》るだけの臣。ろくすっぽ仕事もせずに、人の顔色や周囲の評判ばかり気にしている。

「諛臣《ゆしん》」――おべっか使いのうまい、いわゆるイエスマン。自分がトップに気に入られることしか考えず、それが組織にどんな害をおよぼすかは意識の外にある。

「奸臣《かんしん》」――表面的には謹厳実直、繊細、温和そうにしていて口もうまいが、心のなかはまったく逆。優秀な部下を妬み、失脚させようと、欠点を誇張して上に報告する。自分の気に入った者のことは長所を誇張して引き上げようとする。

「讒臣《ざんしん》」――知恵を、もっぱら自分の非をごまかすことにしか使わず、その一方で、自分をアピールすることにかけては人一倍長けている。家庭内でも朝廷でも、もめごとをつくりだす。

「賊臣《ぞくしん》」――側近としての権勢をほしいままにし、何事も自分の都合のよいように決める。君主の命令をも曲げる。派閥の長となり、自分の地位・名誉を高めようとする。

「亡国《ぼうこく》の臣《しん》」――君主にへつらう一方で、君主を陥れることに一生懸命。伝えるべきことをわざと伝えずにおいたり、君主の悪口を触れ回ったりする。


もう読んでいて嫌になるくらい、国家にいてはならない臣下たちばかりですね。しかし、ダメになっていく組織には、必ずトップもしくはリーダーの下に、こうした〝六邪的人物〟がいるものです。もっとも組織の中で、そんな人物が横行していること自体、トップならびにリーダーにこそ問題があると言わざるをえません。

みなさんにも、思い当たる〝六邪的人物〟がいるのではないでしょうか。けれども、「あいつだ、こいつだ」と人の顔を思い浮かべている場合ではありません。自分自身も、いつ六邪になるかわからない。そこを考えないといけません。

人間には誰しも、六正と六邪、その両方の側面があります。これに気づいて、六邪にならないようにするために重要なのは、自分自身を映し出す「鑑」を持つことです。そして自らの姿を顧みながら、六正を伸ばし、六邪を小さくしてください。

魏徴は、この章を次の言葉で締め括っています。

賢臣《けんしん》は六正《りくせい》の道《みち》に処《を》り、六邪《りくじや》の術《じゆつ》を行《おこな》はず。故《ゆゑ》に上安《かみやす》くして下治《しもをさ》まる。生《い》けるときは則《すなは》ち楽《たの》しまれ、死《し》するときは則《すなは》ち思《おも》はる。此《こ》れ人臣《じんしん》の術《じゆつ》なり。

優秀な臣下というものは、常に「六正」の道にしたがい、「六邪」は退ける。だから、トップは安泰で、国全体が非常に良い状態になる。そういう世の中がつくれるかどうかは、ひとえに臣下の心構えや人格、識見にかかっているのである。

誰が優秀な部下であるか見極めるとき、あるいは、自分自身が優秀な部下であるかどうかを判断するとき、みなさんも、この六正六邪を一種の「チェックリスト」として活用してみてください。

文治政治の象徴「五経正義」

政権は戦いで奪取するもの。したがって、それまでは「武断政治」が続きますが、いったん政権を取れば、今度は「文治政治」に切り換えて長期化を図らなければなりません。この切り換えの要点はどこにあるのか、見てみましょう。

太宗は帝位に就くと同時に、儒教を軸とする文治政治に切り換えました。それに対する意気込みを象徴するのが「五経正義」、つまり五経の注釈書の編纂を命じたことです（完成は六五三年）。

五経とは、儒教で尊重される五つの経典のことです。古くは「六経」といって、先秦時代にあったと伝えられています。このときは『易経』『書経』『詩経』『礼記』『春秋』『楽経』の六種類でした。ただ、『楽経』は亡失されたため、漢代、諸家の流伝をもとにして、残る五経が復元・編纂されました。

さらに唐代、太宗の時代になって、五経博士がこれを整理し直し、『易経』『書経（尚書）』『詩経（毛詩）』『礼記』『春秋（左氏春秋）』の五つが正科とされたのです。

それまでは時代によって正科とされたものがまちまちでした。たとえば『易経』にも、夏の易、殷の易など各種存在していたところ、最終的に『周易』が正科とされました。また、宋代以降に『書経』と呼ばれることになった『尚書』でも、正統な『古文尚書』が偽古文尚書から峻別《しゅんべつ》されました。このほか、『詩経』は『毛詩』が正科とされ、『春秋』も種々あったなかで、左丘明《さきゅうめい》がまとめた『春秋左氏伝』が正統だろうということになりました。

この経緯を聞いただけで、ややこしいと思われるかもしれませんが、当時はもっと、ややこしかったのです。もし、唐代に五経（正義）が再編纂されなかったら、私たちがいま、中国古典を読むことはかなわなかったでしょう。これを命じた太宗は、大変な偉業を成し遂げたわけです。

『貞観政要』の「崇儒学第二十七　第五章」に、当時の話があります。

貞観四年のこと、太宗は、以前に中書侍郎（中書省の高官）の任にあった顔師古《がんしこ》を呼び、こう命じました。「聖人がこの世を去ってから、ずいぶん時が経った。いま、種々伝わっている経典には文字や文章に誤りがある。秘書省（経籍や宮中文書などの管理を行う役所）で五経を制定してくれないか」と。

そうして五経が制定されると、太宗は房玄齢に、「国内外の儒者を集め、詳細な議論を交わすように」と命じました。儒者たちが、それぞれの師から教わった伝習をもとに、どの解釈が正しいといえるか、議論させたわけです。

仕切り役の顔師古も、自ら晋宋以来の古書をひもといて、その文献を論拠に正しい解釈を明確にしていきました。それは、儒者たちを感服させるほどの精細さだったといいます。

一方で太宗は、儒学にはさまざまな学派があったため、当時の最高学府の学長を務めていた孔穎達《くようだつ》に、五経の注釈書の選定を命じました。そして先述のように、編纂された百八十巻・四十五万字におよぶ書が「五経正義」と名づけられ、国学の教科書とされました。

つまり、文治政治を志した太宗は、儒教の伝統に新たな息を吹き込んだのです。また五経正義が成ったことで、優秀な官僚を登用する試験制度「科挙」が有効に機能するようになりました。

太宗、さらには顔師古、孔穎達抜きに、儒教の発展は語れません。唐代の研究があったからこそ、後に十二世紀の南宋で「朱子学」が、さらには明代には「陽明学」が生まれたのです。儒教発展の一端は、まさに貞観の世にあったと言って過言ではありません。

安定のカギは「教養」

「五経正義」は、いわば正式な「教科書」を定めたわけですが、太宗が行ったのは、もちろんそれだけではありません。「崇儒学第二十七　第一章」に、太宗は即位早々、正殿の左側という権威のある場所に、弘文館を設置したと記されています。

弘文館とは、皇族や外戚、高官の子弟のための学校です。ここで、官位のある者のなかから立派な儒者を選び、兼務という形で教授の任に当たらせました。教授たちは、本来なら五等の官位を持つ人にしか与えられない特別な食事が供されるなど、非常に優遇されたといいます。

しかも、教授たちの勤務は、いまで言うシフト制で、宿直までありました。太宗は自ら、**「朝《てう》を聴《き》くの隙《ひま》に、引《ひ》きて内殿《ないでん》に入《い》れ、墳典《ふんてん》を討論《たうろん》し、政事《せいじ》を商略《しやうりやく》し、或《あるい》は夜分《やぶん》に至《いた》りて乃《すなは》ち罷《や》む」**——すなわち、朝廷での政務の合間に「今日の宿直は誰だ？」と尋ね、その教授を自分の館《やかた》に招いては、夜通し、古典（「四書五経」）をテキストに活発な議論を交わしたといいます。

同じく「崇儒学第二十七　第二章」には、貞観二年、先聖を孔子、先師を孔子の弟子の顔回とし、孔子の廟堂《びょうどう》を国学に建てた、とあります。

それまでの歴代王朝は、漢以来、先聖を周公としていました。周公というのは先述した周公旦のことです。かの孔子が「理想の聖人」と崇《あが》め、夢に見続けるほど敬慕した政治家です。

ただ、周公はあくまでも政治家であり、儒家として専門的に評価された人ではありません。そこで太宗は、政治家ではなく思想家である孔子を聖人とすることに決めたのでしょう。そこには、「文治を徹底して行い、長期政権を実現させる」という決意が込められています。

その後、太宗は、全国に散らばっていた儒家を都に呼び寄せ、年功にかかわらず実力本位で、弘文館の教授に抜擢しました。と同時に、弘文館に増築に増築を重ねて、貴族の子弟だけではなく庶民の子弟の学び舎まで建設しました。さらに、玄武門にある兵士の詰所にいる大将たちにも学者を派遣し、彼らを学ばせたのでした。

こうして学問を志す者が増えたことで、太宗の治世は、武断から文治に一変しました。「これからは教養のある人間を重んじる」という方針を徹底させたのです。長期政権を具現化するためには、教養を土台にした組織にしなければダメだ、というふうにも受け取れます。ただし、注意していただきたいのは、この時代、学問を修めることと人格者としての修養は、同一のことだという点です。

翻って日本の大企業を考えると、近年は自前の研修施設が縮小傾向にあるようです。しかし日本を代表する有名企業が、口では人材が大切だと言いながら、研修所の一つも持っていないのはお寒い限りではないでしょうか。社員の留学制度なども廃止する企業が多く、人材育成にかける情熱が足りていないと言わざるをえません。

しかし、自分の勤める会社に研修システムがないのなら仕方ありません。たとえば、同僚でグループをつくって勉強会を開く、あるいは一流の人物の講演会に積極的に出かけていくなど、自分で学びのチャンスを求めるよう心がけましょう。

第四講

上司は「聞く耳」を持て
部下は「響く言葉」を持て

何がリーダーの優劣を分けるのか

「君道第一　第二章」には、貞観二年、太宗が魏徴に「明君と暗君との違いはどこにあると思うか」と質問する場面があります。魏徴の答えはきわめて単純明快です。

君《きみ》の明《あきら》かなる所以《ゆゑん》の者《もの》は、兼聴《けんちやう》すればなり。其《そ》の暗《くら》き所以《ゆゑん》の者《もの》は、偏信《へんしん》すればなり。

明君の条件としている「兼聴」には、二つの意味があります。一つは「歴史や古典から学ぶ」、もう一つは「様々な人の意見を聞く」ということです。

言い換えれば、多種多様な判断材料を得て、そのなかからベストな意見や考え方を採用し、実践する。それが明君だとしています。

一方、暗君は「偏信」、すなわち特定の人の意見や考え方だけを鵜呑《うの》みにする人だといいます。正しいことを言う人を偏信するのであればまだしも、暗君が偏信するのはたいてい、耳ざわりのよいことしか言わない人のそれと、相場は決まっています。

厳しいことを言う人を煙たがって遠ざけ、自分の言うことを「はい、はい」と聞いてくれ、おべんちゃらでも何でも自分を持ち上げてくれる人を近くに置く。そうしたくなるのが人間というものですが、それでは明君失格なのです。いかに多くの人の言うことを聞いたとしても、その人たちがみんなイエスマンだったら「兼聴」ではありません。

このくだりに続けて魏徴は、『書経』にある「芻蕘《すうぜう》に詢《と》ふ」という言葉を引いています。「芻蕘《すうじょう》」とは、草を刈ったり、山林の木を伐採したりして暮らす、当時は身分の低かった人たちのこと。しかし、彼らは専門分野については経験豊かで見識があり、技術も高い。その〝専門力〟を活用することが大事だとしています。

そのよい例が、堯舜の治世だと言っています。

昔《むかし》、堯舜《げうしゆん》の治《ち》は、四門《しもん》を闢《ひら》き、四目《しもく》を明《あきら》かにし、四聰《しそう》を達《たつ》す。是《ここ》を以《もつ》て、聖《せい》、照《て》らさざるは無《な》し。故《ゆゑ》に共鯀《きようこん》の徒《と》、塞《ふさ》ぐを得《う》る能《あた》はざりしなり。靖言庸回《せいげんようくわい》、惑《まど》はす能《あた》はざりしなり。

明君で知られる堯舜は、東西南北、四方の門を開いて、広く外国からさまざまな情報を仕入れた、というのです。ぐるり四方遠くまで視野を広げ、それぞれの状況をよく見て、よく聞いて、じつに聡明であったと。

そういう明君であれば、全土が知恵のサーチライトで照らされているようなものです。いくら周囲にお追従《ついしょう》しか言わない者や、悪事を隠蔽しようとする者がいたとしても、すべてが白日の下にさらされるわけです。

さらに、魏徴は偏信の例として、秦の二代目帝王と、梁の武帝、さらに隋の煬帝に言及しています。若干の解説を入れながら、〝超訳〟で紹介しましょう。

始皇帝の後を継いだ暗愚な二世皇帝（胡亥《こがい》）は、いつも宮中の奥深くにいて、外に出ることはほとんどありませんでした。国民の暮らしのことなど、我関せず。父の代から仕える部下の趙高《ちょうこう》が、「万事、うまくいっています。私にお任せください」と言うのを鵜呑みにするだけでした。

趙高とはそもそも、始皇帝の優秀な長男を暗殺して暗愚な二世を帝王に立て、さらに有能な側近を亡き者にしてまで、自分が実権を握ろうとした人物です。そんな質《たち》の悪い臣下を偏信したために、秦は悲惨な最期を迎えたのです。

また梁の武帝は、朱异《しゅい》という、これも口だけがうまい、おべっかつかいの臣下を偏信しました。結果、後に陳王朝を開いた侯景《こうけい》に攻められたのです。武帝はその間際まで、少しも侯景の動向に気づかなかったというのですから、あきれた話です。

前代の隋もそうでした。煬帝は虞世基《ぐせいき》という、やはりおべっかのうまい臣下を偏信しました。各地で反乱が起きているというのに、虞世基は「大丈夫です、大丈夫です」と言うばかり。それを言葉通りに受け取っていたら、あるとき雪崩《なだれ》を打ったように敵の大軍が押し寄せて来たのです。

こうした例があるように、君主たる者は、より多くの人から情報を得るように努めなければいけません。側近たちが君主の耳目を塞ごうとしても塞げないくらい、国の状況と国民の暮らしぶりにしっかり目を向け、耳を澄ませてください。

魏徴のこの話を聞いて、太宗は深くうなずいた様子です。これを読んだみなさんも、おそらく共感を覚えていることでしょう。

「兼聴」を心がけ、「偏信」を避けるのがよいリーダーで、「兼聴」をないがしろにして

「偏信」に走るのがダメなリーダーだと心得てください。

部下あってのリーダー

君《きみ》は舟《ふね》なり、庶人《しょじん》は水《みづ》なり。水《みづ》は則《すなは》ち舟《ふね》を載《の》せ、水《みづ》は則《すなは》ち舟《ふね》を覆《くつがへ》す。

これは『荀子《じゅんし》』にある有名な言葉。君主を舟に、また臣下もしくは国民を海や川の水に喩えています。

舟は海の波や川の流れに乗って航行しますが、ひとたび荒れれば、あっという間に転覆してしまいます。それと同じで、君主は臣下ならびに国民の動きに助けられることもあれば、逆に打ち倒されてしまうこともある、というのです。

「君道第一　第四章」の後半、前に述べた「十思九徳」の話の直前のところで、魏徴はこの言葉を引いて、次のように太宗を諭しています。

君主に驕りが出てくると、臣下はもとより、肉親にまで愛想を尽かされます。国民の心も離れていくでしょう。そこで、思うように下を動かせないからと刑罰を重くしたり、権勢を振るったりするようになり、そのためさらに人心は離れていきます。表面的には恭《うやうや》しい態度に見えても、心から君主を慕いはしないのです。

こうして怨みを募らせていくと、臣下や人民は非常に恐ろしい存在になります。こぞって君主を倒そうという方向へ動き出すのです。部下や、人民あっての君主であることを、どうか忘れないでください。

トップたるもの、部下たちに「この人の力になりたい」と心から思われる存在でなければならない。専横的な振る舞いが過ぎれば、部下の心はどんどん離れてしまう。最悪の場合、クーデターが起きることさえあるでしょう。

組織の中の話だけではありません。現代、企業のトップは盛んに「顧客第一主義」などと言いますが、現実にはどうなのか。その大切な顧客を裏切るような行為が頻発しているのではないでしょうか。

顧客にとって価値のある商品・サービスを提供すれば、顧客はそれを「買う」「利用する」といった形で応援してくれますから、企業はそのよい波に乗れます。でも、好調さに胡坐《あぐら》をかいて、自分たちの利益のみを優先するようなことをすれば、ビジネスはたちまち崩壊します。残念なことに、近年の報道を見ていても、そうした企業は後を絶ちません。

　とくに最近はネット社会ですから、一度でも悪い評判が立つと、「あんなリーダーは引きずり下ろせ！」「あんな企業は潰してしまえ！」というような力が、ものすごいスピードで膨れ上がっていきます。ちょっとしたきっかけで、何かが爆発的に流行することもあれば、会社が一気に潰されることもある。そこは肝に銘じておかなくてはいけません。

　ただし、そうした〝水の意思〟は、それ自体が間違っている場合もなきにしもあらず。ここが、さらに恐ろしいところなのです。組織のリーダーとしては、「部下あっての自分」「顧客あっての企業」という立場を重視する一方で、無闇に〝水の意思〟に迎合することなく、自らの意思・価値観を揺るぎないものにすることも大切です。

　困難な時代にこそ、根本に「思想哲学、信条」を持ち、「世のため人のため」という視点をしっかり持つ必要があります。太宗が「自分は水の上に浮かぶ舟である」と自覚しつつも、自分の意思で、舟の舵をどう切るかを判断する君主たろうと努めたことを忘れないでください。

ナンバーツーに求められる「先見の明」

同じく「君道第一　第四章」の終わりの部分に、晋の武帝（司馬炎）に仕えていた何曾《かそう》という人物のエピソードが出てきます。

武帝は非常に優れた君主でしたが、それが世の常なのか、だんだん傲慢になってきたようで、政治にあまり関心を示さなくなりました。そんな武帝をそばで見ていた何曾が、帰宅して息子にこう言いました。

「陛下はもう、後の世のことなど、まったく考えていない。息子よ、お前の時代はまだ、いまの政権がそれなりに存続しているかもしれないが、お前の息子の綏《すい》の代になったら、必ず乱が起きて、綏は殺されてしまうだろうよ」

何曾のこの言葉は的中し、やがて国は乱れ、綏は不当な罪を着せられて刑死してしまいました。このことから何曾は後に、「先見の明がある」と賞讃されたのです。

読者の皆さんは、この何曾という人物をどう評価しますか？

太宗は、まったく評価していません。なぜか。

何曾は忠義を尽くしていない。その罪は大きい。臣下というものは本来、朝廷では君主に過ちがないよう進言し、家にいるときでさえ、「君主のあの過ちは正しておくべきではなかったか。君主の美徳をもっと引き出すべきではなかったか」と反省するのが仕事なのだ。

何曾が報酬・待遇の面でかなり優遇されていたのは、まさに命を張って君主を諫め、国がよくなるようにサポートするためだ。それなのに、家で息子に君主の陰口を言うなど、もってのほかである。先見の明があるなどとは、とても賞讃できないではないか。

君主に間違いがあるとわかっているなら、そこを正すのが臣下としての筋です。占い師ではないのですから、予測が当たったからといって、何の自慢にもならないのです。そして、太宗は『論語』の「季氏第十六」にある名言を引いています。

顚《くつがへ》りて扶《たす》けずんば、安《いづく》んぞ彼《か》の相《しやう》を用《もち》ひん。

「君主が転びそうになっているのに手を差し伸べず、倒れているのに助け起こそうとしないならば、そんな部下などいらないではないか」――まさにその通りです。

皆さんの周りでも、こんな例はたくさんあるでしょう。上司がいかに無能であるかを陰で言いたて、「あんな上司に大事な仕事を任せていたら、いまに会社の業績は傾くよ」などと〝予言〟するような人物が。それで本当にそうなったら、「ほら、俺の言った通りだろう」などと得意になる人すらいます。

そんな暇があったら、上司に直接「それは間違っています」と言い、意見を戦わせるべきです。ダメな上司が失脚するのを期待したところで、その巻き添えを食うのは自分自身なのですから。

聞く耳を持たない上司であったとしても、その耳を開かせる言葉でぶつかり合う部下であって欲しいところです。もちろん同時に、リーダーには「耳の痛い話」にこそ耳を開く度量が求められます。この関係性を構築してこその〝リーダーシップ〟なのです。

これに関して、太宗は貞観五年、「政體第二　第六章」で次のように言っています。

事《こと》、安《やす》からざる有《あ》らば、極言《きょくげん》して隠《かく》すこと無《な》かる可《べ》し。儻《も》し君臣相疑《くんしんあひうたが》ひ、備《つぶさ》に肝膈《かんかく》を盡《つ》くす能《あた》はずんば、實《じつ》に國《くに》を治《をさ》むるの大害《たいがい》爲《た》るなり。

君主と臣下は一心同体。隠し事はなしでいこう、というのです。臣下はほんの些細なことでも、心にひっかかったことがあれば言う。君主である太宗はそれに対して真摯に耳を傾ける。君主と臣下がそういう関係でなければ、国を治めるにあたって大きな害をもたらすことになる。自戒をこめて、太宗はそう言っているのです。

企業など組織における上下関係も同じです。もし、部下が自分の思っていることを上司に率直に言えないとしたら、そこには「自分が何を言っても、上司は聞く耳など持ってくれない」という、あきらめに似た不信感があります。

また、上司が部下の心にもないお追従の言葉を鵜呑みにしていたとしても、心のどこかに「本心では何を考えているのか、わかりはしないな」という疑いが残ります。

そんな組織に、将来などあるでしょうか。部下は何を言っても大丈夫、上司は何を言われても大丈夫。リーダーとして成功するためには、まず、そういう信頼関係を築くことが大切なのです。

告げ口に惑わされるな

優秀な人はどうしても、周囲の妬みを買います。上司に気に入られていればなおさら、誹謗中傷のターゲットにされやすいでしょう。妬みの強い人のなかには、ありもしない悪い噂を流したり、上司の耳に悪口を吹き込んだりして、「隙あらば、足を引っ張ってやろう」と企《たくら》む人もいます。

しかしリーダーたる者、自分が信じる部下に対して、どんな流言飛語があろうとも惑わされてはいけません。それでは「部下を信じている」ことにならないし、上司と部下の関係が揺らいでしまいます。

もし、上司がいわれなき誹謗中傷に惑わされるようなら、部下は怒っていい。いや、怒るべきである。そんな話が「直言諫争第十　第六章」にあります。

事の発端は、貞観六年に「魏徴は、自分の親戚を特別扱いし優遇している」という告発があったことです。太宗はさっそく、御史大夫《ぎょしたいふ》の温彦博《おんげんぱく》に調査を命じました。御史大夫とは、いまに喩えるなら監察官のような役人です。太宗は、魏徴を信じていたにもかかわらず、告発に惑わされてしまったわけです。

温彦博の報告はこうでした。「この件は、告発した者の間違いだとわかりました。しかし、魏徴は高い位にある人間なのだから、立場をわきまえて、そんな疑いが生じないようにしなければなりません。私心がなかったとはいえ、告発されたこと自体に責任がありますす」。

そこで、太宗は「温彦博よ、君から魏徴に今回の件をそれとなく伝えてくれないか」と頼みました。その伝言は次のようなものです。

魏徴よ、君はこれまで六年間、私に数百条におよぶ諫言をしてくれた。その立派な業績を、こんなつまらない告発で汚していいのだろうか。これからは温彦博の言うように、自分の心には何一つ偽りのないことが誰の目にも明らかであるよう、立ち居振る舞いに気をつけなさい。

ここで終わったら、何でもない話というべきか、「魏徴はさぞ悔しい思いをしただろう。

太宗も意外と惑わされやすいんだな」という感想をお持ちになるかもしれませんが、これでは終わりません。数日後に太宗と魏徴の間でこの件をめぐって、問答が繰り広げられました。

太宗　近ごろ、何か思わしくないことがあったと聞いたが。

魏徴　（顔つきを変えて）先日、温彦博を通して、私に詔を告げさせましたね。「君《くん》臣《しん》は叶契《きょうけい》、義《ぎ》、一體《いったい》に同《おな》じ」――君主と臣下は一心同体と言われますが、陛下と私はすでにそういう信頼関係を築いているはずです。なぜ、直接言ってくださらなかったのか。また、自分の清廉潔白な心を行動に表せとおっしゃいましたが、表面上だけ、わかりやすくすることがそれほど大切でしょうか。そんなことに気を使っていたら、むしろ心の清廉潔白さが失われ、国が危うくならないとも限りません。

太宗　（ぎょっとして姿勢を正し）実は温彦博にあの言葉を頼んだ後で、すぐに後悔したのだ。君が言うことは正しい。どうか、いままで通り、何も隠したりせずに、ズバズバと言ってくれたまえ。

魏徴　私は国に身命を賭して、正しい道を踏んだ行動をしているつもりです。陛下を裏切ったり、注意を受けるようなことをしようという気持ちは、毛頭ありません。願わくば陛下、私は「忠臣」ではなく「良臣」でいさせていただきたいのです。

太宗 その忠臣と良臣はどう違うのか？

魏徴 忠臣には、たとえば桀王《けつおう》の臣下であった龍逢《りゅうほう》や、紂王《ちゅうおう》の叔父の比干《ひかん》がいます。龍逢は諫言をし、首を刎ねられてしまいました。比干もやはり、諫言のかどで胸を割かれ殺されました。一族も皆殺しにされました。結果、国は亡び、君主は後々まで悪名を残すことになったのです。一方、良臣とは君主と一心同体になって、国を良くした臣下です。その美名は君主ともども、子々孫々伝えられるのです。

太宗 いまの君の言葉、しかと心に刻んでおこう。

このときの問答が一つのきっかけとなり、太宗と魏徴の絆はより強固なものになりました。太宗は魏徴のありがたさが身に沁みたのでしょう。この後、絹三百匹の報奨を与えています。

それにしても、ここまでのことを言った魏徴には、おそらく「首を刎ねられるのなら、それもよし」というほどの覚悟が感じられます。もし実際に首を刎ねられていたなら、太宗も桀王や紂王のように、暴君として名を残してしまうことになったかもしれません。

太宗を支えた四人の臣下

魏徴の部下としての卓越さが出たところで、太宗の側近中の側近、「四天王」とも称されるべき四人の部下について、改めて紹介しましょう。太宗には多くの側近たちがいましたが、なかでも優れた人物としては、魏徴、房玄齢、杜如晦、王珪という、四人があげられます。

このうち房玄齢と杜如晦の二人は、当初から太宗に仕えた重臣でしたが、魏徴と王珪は、太宗（李世民）の兄で敵方である李建成に仕え、重用された人物でした。自分の首を刎ねたかもしれない二人をあえて登用するあたり、太宗がいかに人物本位、実力本位であったかがわかります。並みの君主なら、かつての敵の中心人物など、皆殺しにしてしまうでしょう。

彼ら側近四人衆は、それぞれどんな人物だったのでしょうか。

魏徴

鉅鹿県《きょろく》（現在の河北省）の貧しい家の生まれ。李建成の側近として仕えていましたが、弟（世民）との関係がぎくしゃくしているのを見て取り、いち早く手を打つように勧めました。結局、建成は敗れたのですが、その後、世民が「なぜ兄と私を争わせようとしたのか」と問うたとき、「もし建成が私の進言を聞きいれていたら、あなたに負けることはなかったでしょう」と答えたそうです。その場に居合わせた人はみんな、「ああ、魏徴は殺される」と思ったようです。

しかし、世民は首を刎ねるどころか、魏徴を自らの諫議大夫に登用したのです。変な言い逃れをせず、自らの職責を全うしただけだと、敢然と言い放った、その剛直さが気に入ったのかもしれません。

太宗は「魏徴は以前、たしかに敵ではあったけれど、ただ自分の主人に忠誠を尽くしたまでのこと。それ自体はむしろ賞讃されるべきことだ」と言っています。たしかに、魏徴のような人は敵にすると怖そうですが、味方でがんばってもらえるなら、これほど頼りになる存在はないでしょう。

魏徴が太宗の諫議大夫に就任したのは、貞観三年のことです。以来、『貞観政要』の記述だけでも、太宗に諫言すること数百。誠心誠意、太宗に忠誠を尽くしたのでした。本書でも魏徴の諫言を数多く紹介していますが、どれもが簡潔明瞭で、胸を打つ言葉ばかりです。

また、文章力のすばらしさでも知られています。魏徴が『唐詩選』の巻頭を飾る詩「述懐」を書いた人であると知れば、納得できるでしょう。この詩は、太宗の命を受けて出陣する折につくったものです。紹介しておきましょう。

中原《ちゅうげん》 還《また》 鹿《ろく》を逐《お》ひ、筆《ふで》を投《とう》じて戎軒《じゅうけん》を事《こと》とす。
縦横《じゅうわう》の計《けい》就《な》らざれども、慷慨《かうがい》の志《こころざし》 猶《な》ほ存《そん》す。
策《さく》に仗《よ》つて天子《てんし》に謁《えつ》し、馬《うま》を驅《か》つて關門《くわんもん》を出《い》づ。
纓《えい》を請《こ》うて南粤《なんゑつ》を繋《つな》ぎ、軾《しょく》に憑《よ》つて東藩《とうはん》を下《くだ》す。
鬱紆《うつう》として高岫《かうしう》に陟《のぼ》り、出没《しゅつぼつ》して平原《へいげん》を望《のぞ》む。
古木《こぼく》 寒鳥《かんてう》鳴《な》き、空山《くうざん》 夜猿《やえん》啼《な》く。
既《すで》に千里《せんり》の目《め》を傷《いた》ましめ、還《また》 九折《きうせつ》の魂《こん》を驚《おどろ》かす。
豈《あに》 艱険《かんけん》を憚《はばか》らざらんや。深《ふか》く國士《こくし》の恩《おん》を懐《おも》ふ。

季布《きふ》に二諾《にだく》無《な》く、侯嬴《こうえい》は一言《いちげん》を重《おも》んず。
人生《じんせい》意氣《いき》に感《かん》ず、功名《こうめい》誰《たれ》か復《また》、論《ろん》ぜん。

とりわけ最後の句は、ぐっときます。信じる君主のためならば、命を投げ出しても惜しくない。自分の功名のことなどどうでもいい――実に魏徴らしい感慨が込められています。

房玄齢

春秋・戦国時代に斉《せい》の都が置かれた斉州臨淄《りんし》県の出身。もともとは隋に仕えていましたが、ある事件で罪を受け左遷されてしまいました。おそらく、房玄齢の清廉潔白な性格が、当時の腐敗し切った官庁に合わず、無実の罪を着せられたのでしょう。

傷心の日々を送っていた房玄齢は、やがて李世民の評判を耳にします。そして「世民こそが自分の身を託す君主だ」と確信し、馬の鞭《むち》だけを手にして世民の陣営を訪れたと伝えられています。二人はすぐに意気投合。誠実にして有能、企画力に優れた房玄齢は、杜如晦と名コンビを組み、貞観の治の立役者となりました。

ただ当初、世民が帝位につく以前は、あまりに優秀だったもので、建成に疎まれました。

「房玄齢と杜如晦がついているから、弟は何もかもうまくいくんだ。二人を弟から引き離してしまえ」と、仲を裂かれたことがあります。それでも玄武門の変に際して、世民は密かに二人を呼び寄せ意見を聞いたのでした。いざというときに太宗が最も頼りにしたのが房玄齢であり、杜如晦であったと言えるでしょう。

杜如晦

長安の東部にある京兆《けいちょう》、万年県《まんねんけん》（現在の陝西省《せんせいしょう》西安市《せいあんし》）の出身。高祖時代に中央の役人を務めていましたが、地方へ左遷されました。このころ、多くの優秀な人物が左遷の憂き目に遭ったのです。

それを心配した李世民に、房玄齢は「去る者がどんなに多くても、惜しくはありません。ただ杜如晦だけは、王がこれから諸侯の一人に安住せず、天下を治めようと思うのなら、どうしても必要な人材です」とアドバイスしています。それを受けて、世民は杜如晦を部下として迎えたのでした。

房玄齢と杜如晦は、春秋時代に斉の桓公に仕えた鮑叔牙《ほうしゅくが》と管仲《かんちゅう》に似ています。鮑叔牙は幼いころからの親友である管仲の才能を信じ、桓公に推挙、二人で天下統一に尽力したというエピソードがあります。そこから「管鮑《かんぽう》の交わり」という言葉が生まれました。同様に房玄齢と杜如晦も、世の人々から「房杜《ぼうと》」と並び称されたのです。

王珪

琅琊《ろうや》郡臨沂《りんぎ》県（現在の山東省臨沂市蘭山《らんざん》区）の出身。魏徴と同じく、当初は建成に仕え、重用されていましたが、世民暗殺を建成に勧めたことで流罪となりました。

その後、諫議大夫に登用された経緯も、王に忌憚なく意見を具申した点でも、魏徴と同じ。太宗をして「王珪がずっと諫議大夫でいてくれれば、私が過失を犯すことはあるまい」と言わしめたほどでした。

そんな王珪の自己評価がふるっています。「絶えず陛下を諫め、陛下を名君・堯舜に近づけようとしている点では魏徴におよばないし、常に怠けることなく国のために自分が正しいことを実行する点では房玄齢におよばないし……」と優秀な側近たちを讃えたうえで、「しかし、悪を憎み、善を好むという点では、私は誰にも負けません」と言っているのです。

自他ともに認める正義感あふれる人物だったようです。

第五講

「私欲」を去り
「信頼」を呼び込め

自分の足を自分で食べていないか

中国古典思想の特徴ですが、全般として、人間の「欲」自体を否定しているわけではありません。ただし、「私欲を小さく、公欲を大きく」――と、欲をコントロールすることを重視しています。

太宗も、とくに就任して数年間は、私欲を抑えるよう努めていました。

「君道第一　第一章」にある、太宗が貞観元年に臣下たちに言った言葉にも、それが感じられます。

君《きみ》たるの道《みち》は、必《かなら》ず須《すべから》く先《ま》づ百姓《ひやくせい》を存《そん》すべし。若《も》し百姓《ひやくせい》を損《そん》じて以《もつ》て其《そ》の身《み》に奉《ほう》ぜば、猶《な》ほ脛《はぎ》を割《さ》きて以《もつ》て腹《はら》に啖《くら》はすがごとし。腹飽《はらあ》きて身斃《みたふ》る。若《も》し天下《てんか》を安《やす》んぜんとせば、必《かなら》ず須《すべから》く先《ま》づ其《そ》の身《み》を正《ただ》すべし。

たとえば、豪壮な宮殿を建てるとなると、大勢の国民を使役につかせなくてはなりません。自分は優雅な生活が送れるでしょうが、国民は疲弊する一方です。「自分の足を自分で食べているようなもの（脛を割きて以て腹に啖はすがごとし）」で、いずれ自分が倒れてしまう、というのです。

では、天下泰平を望むなら、どうすればよいか。それは「何よりもまず、自分の身を正す」ことだとしています。

現代の組織でも、リーダーが部下に対して過重な労働を強いれば、やがて社員が疲れ切って組織が機能不全に陥ったり、部下が離反していく恐れがあります。

この後の部分に、

其《そ》の身《み》を傷《やぶ》る者《もの》は、外物《ぐわいぶつ》に在《あ》らず。皆《みな》、嗜欲《しよく》に由《よ》りて、以《もつ》て其《そ》の禍《わざはひ》を成《な》す。

とあるように、身の破滅を招く原因は、外からの影響ではなく、自分の嗜好と欲望だと太宗はいうのです。

欲望というのは、放っておくとどんどん膨らむものです。「天下に一つしかない珍しいもの」だと聞けば手に入れないと気がすまなくなるし、美しい音楽や女性に惹《ひ》かれて深みにはまってしまうこともある。身の丈以上に事業を拡大したくなることもあるでしょう。そうした欲望に費やすエネルギーとお金は甚大で、本来なすべき仕事の妨げになることは言うまでもありません。

そんな欲深なリーダーを見て、部下や国民はどう思うのか。口に出さないまでも、大きく失望するでしょう。だからこそ太宗は、「縦逸《しょういつ》せず」、つまり緊張感をもって欲望を律し、身を正すことに努めているわけです。

これに対して、魏徴は「おっしゃる通り」とし、さらに次のように言い含めています。

いにしえの聖人・哲人はみな、自分の言動を常にチェックしていました。古典のありがたい言葉も、自分の行動に引きつけて考え、実行しておりました。

楚《そ》の王が詹何《せんか》に、どうすれば国が治まるかを問うたところ、詹何は「あなたの身を治めることです」と答えました。王はその答えが不満だったのか、「いや、自分の身ではなく、国を治めることを聞いているのだ」と重ねて尋ねました。すると、詹何は「国王の身が治まっているのに、国が乱れているといった例はございません」と言ったそうです。先ほどの陛下のお言葉は、この古典が説くところとまったく同じです。

単に「御意」と言っておしまいにしないところが魏徴らしいところです。言ってみれば、魏徴は「そのお考えをしっかり実行してくださいね」とダメ押しをしたわけです。太宗の決意も、いっそう固まったのではないでしょうか。

私利私欲を去れ

太宗が即位してすぐに行ったことの一つに、「宮女三千余人の解放」があります。

古今東西、皇帝や国王は多くの妻、もしくは愛妾《あいしょう》を持つものと相場が決まっています。日本でも古来、時の支配者は正妻以外にも側室をあまた侍《はべ》らせ、数えられないくらいいたくさんの子をなした者もいます。後継ぎが生まれなければ、権力の継承、ひいては国家の存続を危うくさせますから、子孫を残すこともまた君主の仕事なのです。

隋以来の風習だったのでしょう、太宗にも当初、後宮に三千人の宮女がいました。徳川幕府の大奥をも超える〝大所帯〟です。貞観の初め、太宗はそれをムダだと思ったようで、臣下たちに彼女たちの解放を宣言しています。

太宗は「論仁惻第二十　第一章」で、次のように言っています。

女性たちが後宮に幽閉されたようになっているのは、実に憐《あわ》れむべきことだ。彼女たちは隋の時代に、全国方々から無理やり召し出された者たちだ。こんなことに国民の財力が使われていいのか。私には認められない。

だいたい、これほど多くの宮女たちがいたところで、彼女たちには宮廷の掃除くらいしかやることがないではないか。彼女たちを宮中から解放して、自由に結婚できるようにしてやりたい。経費の節減になるばかりか、宮廷に娘を奪われていた国民の心を安らげることにもなろう。

太宗が歴代皇帝と違うのは、後宮に多くの女性たちを住まわせることを「人《ひと》の財力《ざいりょく》を竭《つ》くす」行為だとしていることです。

いまの言葉で言うなら、「血税を使って、何をやっているのか」というところでしょう。

さすがにいまの政治家がハーレムを形成するようなことはありませんが、官費を不正に使ったり、私的に流用するような人物は少なくありません。企業でも、社員たちが一生懸命働いてつくった売り上げを、私的な贅沢に使ってしまう経営者は後を絶ちません。

〝女性がらみ〟でもう一つ、おもしろいエピソードが「納諫第五　第一章」にあります。これも貞観の初めのこと。太宗が側《そば》に侍らせていたひとりの女官について、諫議大夫の王珪と次のような会話をしています。

彼女はもともと、盧江《ろこう》王・李瑗《りえん》の側室だった女性。李瑗が反乱に遭って殺されたために、太宗の宮中に召し上げられました。

太宗　盧江王・李瑗は、この女の夫を殺して彼女を奪い取ったのだ。無道な王である。国が滅びたのも当然のことだ。

王珪　盧江王が他人の妻を奪ったことを是とお考えですか。非とお考えですか。

太宗　許されないことに決まっているではないか。なぜ是非を問うのか。

王珪　『管子《かんし》』に、こんな話があります。斉の桓公が滅亡した郭《かく》国に行って、その父老に、なぜこの国は亡びたのかと問うたところ、「郭国の君主は善を善とし、悪を悪としたからだ」と答えました。桓公は不思議に思って「言葉通りなら、郭国の君主はすばらしい人物だ。亡びるわけはないように思うが」と言いました。すると、父老は言下に否定したといいます。「善を善としたのに善を用いることをせず、悪を悪としたのに悪を排除しなかったのです」と。いま、王の傍らにこの女性が侍っているのを見て、私は密かに、陛下は盧江王の行いを是とされているのだなと思いました。ところが、非とされているという。そうであれば、陛下は悪を悪としただけで、悪を取り除いたことにはなりません。郭国の君主と同じです。

太宗　まさに至言である。

太宗はこの問答の後、この女性を一族のもとへ帰らせました。李瑗の行為を非難しながらも、王珪に指摘されるまで、太宗は自分が李瑗と同じ非を犯していたことに気づかなかった。ここがおもしろいところです。

直言し合える関係になれ

努めて私欲を排除した太宗ですが、貞観八年くらいになると、やや気のゆるみが出てきたのでしょうか。「直言諫争第十　第八章」に、こんな〝事件〟が取り上げられています。左僕射の房玄齢と右僕射の高士廉《こうしれん》の両トップが、道を歩いていたときのこと。少府監《しょうふかん》（営繕係の役人）の竇徳素《とうとくそ》に出くわしました。二人は竇徳素に、「北門（太宗の私邸のあるところ）で、何か築造しているのかい？」と尋ねました。

竇徳素がこのことを太宗に報告すると、太宗は色をなして房玄齢と高士廉にこう言いました。「君たちは南牙（北門の向いにある公務の場）の担当なのだから、南牙のことだけ知っていればいいではないか。北門で何を造ろうと、君らには関係ないだろう」と。

二人は「申し訳ありませんでした」と引き下がったのですが、魏徴は「見逃せない」とばかりに、太宗に進言におよびました。

なぜ陛下が房玄齢・高士廉を責めたのか、私にはわかりません。また、なぜ両名が謝ったのかもわかりません。二人は陛下の手足となって働く大臣ではありませんか。たとえ北門のことでも、造営があるのならば、知っておいて然《しか》るべきでしょう。公的なものであろうと、私的なものであろうと、造営には職人を調達しなければならないし、お金だってかかります。必要であれば行えばいいし、不要であれば陛下に中止するよう申し上げるのが道理というものです。

ですから、房玄齢らが竇徳素に何を建てているのか尋ねたのは、当然のことをしたまでで、陛下に責められることではありません。また彼らは謝る必要もない。「我々には大臣として、知る義務がある」くらいのことを言わなくてはいけないところです。

魏徴のこの諫言の前に、太宗は深く恥じ入ったのでした。

太宗も、また房玄齢と高士廉も、魏徴に叱られたかっこうですが、こういう一見些細に思えるようなところも見逃さないのは、さすが魏徴です。

なかには「一国のリーダーなのだから、私邸をちょっと立派にするくらいのことは問題ないのではないか」と思う人がいるかもしれませんが、その「ちょっと」が危ない。公私混同の程度というものは、わずかな綻《ほころ》びから大きくなっていくものなのです。

たとえば、取引先を接待するのに、銀座の一流料亭とか高級クラブなどを使うとしましょう。百歩譲って、それはいい。仕事のうちですから。

でも、接待というのは気苦労が多くて、せっかくの上等なお酒も「飲んだ気がしない」し、おいしい高級料理も「食べた気がしない」もの。それで私的な食事の際にも、つい接待で使った店に足が向いてしまうのです。そして会社のお金を使ってしまう。

一度、この〝禁〟を破ると、歯止めがきかなくなります。「この店なら会社のお金も使えるし、いいな」などと、だんだん足繁く通うようになるのです。こうして公私混同に対して無感覚になっていくものなのです。

また「論倹約第十八　第四章」にも、宮殿を建築する話が出てきます。

貞観十六年、晩年に近くなった太宗は、都に近い藍田《らんでん》というところに小さな御殿を造り、楼閣を構えたいと思っていました。ところが、すでに銘木で有名な藍田の木を伐《き》り出し、準備万端であったにもかかわらず、この計画を取りやめにしたのです。

そのきっかけは太宗が、五胡十六国時代の趙《ちょう》という国の始祖、劉淵《りゅうえん》の息子である劉《りゅう》聰《そう》の伝記を読んだことでした。

劉聡が皇后のために鵾儀殿《こうぎでん》という豪華な宮殿を建てようとしたとき、廷尉《ていい》（刑罰を司《つかさど》る長官）の陳元達《ちんげんたつ》に強く諫められた。劉聡はひどく怒って、陳の首を刎ねさせた。それを聞いた皇后は手ずから筆をとり、上訴文を認《したた》めた。劉聡は、切々と情感を込めて綴られたその手紙を読んで、怒りも消え、深く自分のおこないを恥じたという。

私はこの話を読んで、私自身の深い戒めとしなければいけないと思ったのだ。

古典を読むというのは、こういうことです。いまの自分の心、行為に引きつけて、事の善悪を判断するのに役立てることです。

『貞観政要』には、宮殿を造るか造るまいかで、太宗の悩む姿がところどころに出てきます。宮殿は皇帝の欲の象徴であり、また多くの民を苦役につかせるものでもありました。古代中国において、皇帝ともなれば、その富と権力は、現代からは想像がつかないくらい、巨大なものなのです。ともすれば驕慢安逸《きょうまんあんいつ》に流される環境にあって、太宗が始終、その欲望と戦っていたことがよくわかります。

部下には仕事の本質を理解させよ

貞観十年に、持書御史《じしょぎょし》という役職にあった権萬紀《けんばんき》という人物が上書しました。

「宣《せん》州、饒《じょう》州の二州の山々では、多くの銀が眠っております。採掘すれば非常に利益が上がります。毎年、銀数百万貫と見積もりました」

一貫は約三・七五キログラムですから、百万貫でも四千トン近くにもなるでしょうか。相当の量です。国富を考えると喜ばしいことですが、太宗は権萬紀を叱責しています。

なぜだと思いますか？

理由は、権萬紀の役職にあります。持書御史とは、いまでいう検察庁の長官のような役職です。法を司り、国家の権威を維持するのが役目であって、国の経済や、ましてや金儲けに関与するのは、職務の本筋ではないのです。

「論貪鄙第二十六　第六章」で太宗はこう言っています。

ありがたいことに、私は天子という地位にある。何の不足もない。ただ国民の利益のことだけを願っている。数百万貫の銀を採って、どれほど莫大な利益をあげようとも、一人の優秀な徳のある人材を得ることと比べるべくもない。

権萬紀よ、あなたは検察の長でありながら、優秀な人材を推薦し、善を推し進めて国家を良くしようと努めていないではないか。法の行き届かないことを摘発し、権限のある者を脅かすようなこともできていない。それなのに、銀が採れるなどと建策してくるとは、利益のことばかり考えていればよいと思っているのか。

政権運営も十年を経て、政府内では、適材適所で人材を登用するというシステムが崩れつつあったのかもしれません。努めて義を重んじなければいけない役所の人間が、君主にすり寄ろうと、儲け話をもってくる。このことに太宗は怒り、ピシャリとはねつけたわけです。

リーダーは、こうでなくてはいけません。軽々しく〝儲け話〟に乗ってはいけない。また、部下の職分というものを厳しく管理する必要があるのです。

好調な時こそ危機感を持て

國《くに》を治《をさ》むると病《やまひ》を養《やしな》ふとは異《こと》なること無《な》きなり。病《やまひ》は人《ひと》愈《い》ゆるを覺《おぼ》ゆれば、彌〻《いよいよ》須《すべか》らく將護《しやうご》すべし。若《も》し觸犯《しよくはん》有《あ》らば、必《かなら》ず命《いのち》を殞《おと》すに至《いた》らん。國《くに》を治《をさ》むるも亦然《またしか》り。天《てん》下《か》稍《やや》安《やす》ければ、尤《もつと》も須《すべか》らく兢愼《きようしん》すべし。若《も》し便《すなは》ち驕逸《けういつ》せば、必《かなら》ず喪敗《さうはい》に至《いた》らん。

これは「政體第二　第六章」にある、貞観五年の太宗の言葉です。「政治を行うことと、病を養うことは非常に似ている」としています。なかなかいい喩えです。

たしかに、病気というのは治りかけが重要です。病気で苦しんでいる最中は細心の注意を払って養生しますが、快方に向かうとどうしても気がゆるみがちになります。それで症状がぶり返して、前よりもっとひどい状態になることもよくあります。

一方、政治も天下が安定してきたときこそ、用心しなければなりません。「このままでずっとうまくいく」と楽観的になりすぎるあまり、驕慢安逸の方向に流れると、決まって滅亡に至ってしまいます。企業や組織も同じでしょう。

治世も後半にさしかかった貞観十五年、太宗は臣下に「天下を守ることは難しいか、易しいか」と、改めて問うています（「君道第一　第五章」）。

こんな質問を投げかけること自体、太宗が、自分の政治手腕に自信が出てきたことの裏返しかもしれません。魏徴が「大変難しいことです」と答えたのに、太宗は畳みかけます。「優秀な人材を適材適所に用い、君主以下、大臣たちが互いに厳しく諫め合っていれば、そう難しくないのではないか」と。

この言葉に、少し仕事をなめているという印象を感じませんか？

私たちもそうですが、仕事がうまくいっていると、そのよい波がずっと続いていくような気がしてくるものです。言い方は悪いですが「ちょろいものだ」というふうに思ってしまいがちなのです。

結果、気のゆるみが生じて、仕事に熱が入らなくなり、悪くすると仕事そっちのけで私欲を満たす方向に走ってしまう場合もあります。

魏徴もこのとき、「太宗は少々いい気になっている」と感じたのでしょう。しっかり諫めています。

昔の帝王の行状を振り返りますと、国家が苦境にあるときは、優秀な人材を登用し、真摯に諫言に耳を傾けながら、ことにあたります。しかし安定してくると、しばしば君主は、非常に心が狭くなって、気に食わないことを言う人間を疎ましく思うようになります。そうして不機嫌になったり、口うるさい臣下を要職からはずしたりするようになると、臣下のほうは怖くて何も言えなくなります。

やがて、間違った考え方や行動が正されないまま組織の奥深くに沈潜し、国家は存亡の危機に至ります。天下泰平のときにあっても、常に危機感を抱くことこそ、聖人の聖人たる所以なのです。

そう話したうえで、最後に断じています。

安《やす》くして而《しか》も能《よ》く懼《おそ》る。豈《あ》に難《かた》しと爲《な》さざらんや。

好調時こそ危機感を持つ。これは『貞観政要』のもっとも重要なポイントのひとつと言えます。難しいことだけれど、トップはそれをしなければならない。経営が一見、順調に思えるとき、自らもノリに乗って仕事をしているときほど、「事業を継続するということは本来、容易なことではないのだ」と、気持ちを引き締めて臨まなくてはだめだ、ということです。

とはいえ、「好調時こそ危機感を持て」と言っても、心構えだけでは難しいものです。一つの方法としてですが、「危機感を持たざるを得ない状況」を人為的につくりだすのもよいかもしれません。

たとえば、組織の屋台骨を揺るがすほどのものではないが、成功させるのは非常に難しいというレベルの、何か新しい事業を立ち上げる。マンネリに陥っていた経営トップ以下、組織の面々が、たちまちやる気に満ちてきて、息を吹き返すといった効果が期待できるかもしれません。

あるいは、一時的に「不況のような状況」に身を置いてみる。松下幸之助さんが「好況よし。不況もっとよし」と言っているように、不況というのは組織の体力を鍛える絶好のチャンスになりうるものです。たとえば赤字続きの子会社でもあれば、あえて整理せずに温存し、有望な幹部候補を送り込む。好調にあぐらをかいていた人も、一発で気持ちが引き締まるでしょう。

ただし、これらはあくまでも荒療治。「平時においてこそ、緊張感を持ってことに当たれ」という『貞観政要』本来のメッセージを忘れないでください。

名誉欲という落とし穴

中国では、漢の時代あたりからずっと、君主の両側に起居注《ききょちゅう》という役人を置くことが制度化されていました。彼らは君主の言動を綿密に記録するのが仕事です。一方、君主はその起居注の記録を見てはいけない。そういう決まりがありました。

ところが貞観十三年になると、太宗は起居注の記録を見たくてたまらなくなったようです。晩年にさしかかるころになって、「後世の人に読まれて恥ずかしいことが書かれているのではないか」と心配になったのでしょう。

長期政権を続けても、なお残るのは名誉欲。太宗の場合も「立派な君主として、歴史に名を留《とど》めたい」という欲望を抑えきれなかったのでしょう。

ついに太宗は、政権の晩期に諫議大夫を務めていた、褚遂良《ちょすいりょう》に尋ねました。「君はこのほど、起居注を兼務しているね。どんなことを記録しているのか、見せてはもらえないだろうか。何も記録に対してどうこう言ったり、叱ったりしたいのではない。今後の戒めにしたいんだよ」と（「論文史第二十八　第四章」）。

おそらく太宗は内心、「それでしたら、どうぞ」と言ってくれることを期待していたのでしょう。けれども、職務に忠実な褚遂良が首を縦に振るわけはありません。


現在の起居は、古来の左右史《さゆうし》の伝統を受け継いでおり、当然、君主の言行は、よいことも悪いこともすべて記録することになっております。君主が法にはずれたことをなさらないよう願ってのことです。未だかつて、君主がこれを見るなどという話は聞いたことがありません。


ここまでピシャリと言われると、太宗も引くしかありません。

けれども太宗は、翌貞観十四年、今度は房玄齢にアプローチしました。「昔からの盟友だから、融通して見せてくれるのではないか」という甘えがあったのでしょう。「どうして見てはいけないのだろう、君主にとっては戒めとなる有意義な記録なのに」とやんわり頼んだのです（「論文史第二十八　第五章」）。

ところが、そうは問屋が卸さない。房玄齢もまた「見てはならないと定められている以上、法を犯してはいけません。そういう言動も記録に残されると思ってください」とピシャリ。非常に手厳しく対応しました。

こんなふうに太宗が一度ならず、しつこく記録を見せて欲しいと頼んだのは、ひとえに「後世の人たちによく思われたい」という気持ちがあったからです。

この〝起居注事件〟だけではありません。晩年の太宗は「後世の人があっと驚くような偉業を残したい」という欲がますます高じて、隋の煬帝も失敗した高麗（高句麗）征伐を果たそうと画策し始めました。このことが「議征伐第三十四　第九章」に書かれています。

もちろん、他国を討つ以上は大義がないといけません。その標的とされたのが、高麗の莫離支《ばくりし》（行政と軍事を司る最高官職）であった蓋蘇文《こうそぶん》です。蓋蘇文は、当時の高句麗王・栄留王《えいりゆうおう》を、六四二（貞観十六）年に殺害。家臣たちも惨殺し、傀儡《かいらい》の宝蔵王《ほうぞうおう》を擁立して、国を思いのままに操っていました。唐との朝貢関係も拒否しました。
こういった蓋蘇文の動きに対して、太宗は貞観十八年、「捨て置けない。高麗を許したら、周辺諸国にも見下される。見せしめのために討つべきだ」と言い出しました。これを諫めたのは、先の褚遂良です。

陛下は隋末の乱を平定され、また北敵が国境を侵し西敵が従わなかったときは、多くの臣下の反対を押し切って、素晴らしい戦略とご判断で、見事にこれらを平らげました。たしかに、陛下は名将であらせられます。
しかし、その陛下がいま、高麗を討伐すると聞き、あのときと同じように臣下は戸惑っております。遼河《りようが》（高麗との国境）をすんなり渡れれば、勝利を収められるでしょうが、万が一、失敗した場合はどうなるでしょう。陛下の威信は失墜しますから、お怒りになってさらに大軍を注ぎ込むことになりましょう。これが、どれほど危険なことになるか。

このときは太宗も「そうだな」と思いとどまったものの、虎視眈々《こしたんたん》と戦いに打って出るチャンスを狙っていたようです。

このあたりの事情は「論貢献第三十三　第五章」を読むとわかります。

翌、貞観十九年のこと。高麗王ならびに蓋蘇文から使いがあり、二人の美女が唐に献上されました。高麗は、このときの唐の反応を見て、本当に唐が攻め込んでくる可能性があるのか、たしかめようとしたのでしょう。唐が受け取れば、「戦う気はない。友好関係を保とう」という意図であると思われるからです。

太宗はどうしたか。「本国の親兄弟と別れて連れてこられたとは、まことに不憫である。二人の女性の容色を愛して、心を傷つけるようなことを、私はよしとしない」と言い、二人を本国へ帰してしまったのでした。そう、太宗は高麗を攻める気満々だったのです。

実際、この年に太宗は自ら兵を率いて、遼東《りょうとう》に侵攻しています。作戦はおおむねうまくいったものの、折悪《あ》しく、例年より早い〝爆弾寒波〟に見舞われたこともあって、物資の補給が困難になり、多くの兵士が死亡。軍を退《ひ》かざるをえなくなりました。

それでも太宗は東征を継続したのです。貞観二十二年には、房玄齢が病床にありながらも「いま陛下をお止めしないと、国の害になってしまう。諫めずにおくなど、怨みを抱いたまま地に入るに等しい」と、死力を尽くして長い手紙を認めました。

高麗は歴代、中原の国から罪を責められることもなく、討ち滅ぼされたこともありませんでした。しかし、陛下はクーデターを起こした蓋蘇文の罪を問い、自ら六軍を率いて十日と経たぬうちに遼東半島を攻め落としました。捕虜は数十万人におよび、これを諸州に分配しましたので、どこも捕虜でいっぱいです。

こうして陛下は、隋以来、攻めあぐねていた高麗に対する恥をすすぎ、昔の戦死者の遺骸も埋葬されました。その武勲は隋の煬帝の功績の万倍にも達するものです。これでもう、目標は十分に達成されたのではありませんか。

しかも、いまは内政もうまくいっており、民は平和を喜んでおります。それなのに、これ以上の高麗征伐を続けると、民も国も疲弊してしまうのではないか。私はそれを心配しています。

かなり割愛しましたが、こうした内容の文をしたため、老子の「**足《た》るを知《し》れば辱《はづか》しめられず、止《とど》まるを知《し》れば殆《あやふ》からず**」という言葉を引いています。「本当の満足を知る者は、欲望を際限なく膨らませて我が身を汚すようなことはしないし、ほどほどのところで欲を抑える者は、我が身を危険にさらすこともない」という意味です。

ようするに房玄齢は、「陛下、もう十分でしょう。これ以上、高麗と戦うまでもありません」と、切々と訴えたのです。

太宗はこの手紙を読み、「危篤の床にあってなお、国家の将来を心配するとは、房玄齢は真の忠臣である」と嘆息したのですが、なんとそれでも、兵を進めたのでした。

さらに憂うべきことに、太宗は戦いを続ける一方で、宮殿も次々と造営していきました。というのも、太宗をはじめとする王家親族の嫡子・庶子たちはみんな諸侯に封じられ、その数が多ければ多いほど宮殿の数が必要になるからです。

そうなると人民は、兵役にはとられ、宮殿造営の使役には駆りだされ、大変な苦痛を強いられてしまいます。

その様を見かねて、充容《じゅうよう》（女官）の徐氏《じょし》までが諫言におよんでいます。男勝《まさ》りの優れた人物であった徐氏は「議征伐第三十四　第十三章」でこう言っています。

陛下が王となって二十二年、洪水や日照りもなく、豊作続きです。世の中は実に平穏でした。けれども、陛下はまだ天地の神に報告するほどの事績がないとお考えなのか、封禅《ほうぜん》を行われておりません。漢の武帝や斉の桓公のような、平凡な王でもなされてきたにもかかわらずです。

いま、多くの人々が封禅を勧めているのも、陛下の功徳がすでに百王に勝り、千年の後までも比べる者がいないくらい立派なものだと考えるからです。

封禅というのは、中国の五名山の一つである泰山《たいざん》で行われる儀式のことで、皇帝が天地の神を祀《まつ》り、「おかげさまでこれだけの事績を果たすことができました」と感謝し、さらなる加護を祈願するものです。徐氏は太宗を「比類なき天子」と持ち上げながら、「神への感謝が足りない」と諫言しているわけです。

そして、『書経』の言葉を引いています。

休《よ》しと雖《いへど》も休《よ》しとする勿《なか》れ。

この意味は「たとえ天地の神がよくやったと言ってくれても、自分ではよしとしないくらい謙虚たれ」ということです。徐氏はさらに「大きな業績をあげた者は、どうしても気持ちが驕ってしまうが、願わくば、陛下はそうならないよう常に自戒してください」としています。「野望はほどほどに」と言いたかったのでしょう。

彼女の言葉はまだ連綿と続きますが、房玄齢にせよ、徐氏にせよ、太宗の高麗征伐・宮殿造営に対する欲を、何とか抑えようとしたわけです。

しかし、彼らの諫言もむなしく、太宗は結局、高麗征伐で大きくつまずき、貞観二十三年、失意のうちに亡くなってしまうことになります。

ちなみに高麗征伐は、太宗の息子、高宗《こうそう》の時代にようやく決着を見ました。

長期政権を実現する人というのは、たいてい「私欲は小さく」を心がけているものです。けれども、太宗がそうであったように、最後の最後は「歴史に名を残したい」とか、「立派に生きた証《あかし》としての勲章が欲しい」「子孫に少しでも多くの財産を残したい」といった欲から、逃れられなくなる場合が多いのです。結果、晩節を汚すことになった例は枚挙に暇がありません。

だからこそ真のリーダーには、太宗の晩年を戒めとしていただきたいところです。

教養でつくる阿吽の呼吸

もうお気づきだと思いますが、太宗と側近たちの間で交わされる会話には、古典に記された歴史上の人物のさまざまなエピソードや名言が、ふんだんに盛り込まれています。個々の事例についてくどくどしく説明するまでもなく、彼らは「ああ、あの話か」とわかるわけです。つまり、教養がベースになって、上下関係における阿吽《あうん》の呼吸がつくられている。ところが、いまはその「教養をベースにしたコミュニケーション」が成り立ちにくくなっています。

それでも、最近になって〝教養ブーム〟の兆しが見えてきました。よく使われるのは「リベラルアーツ」という言葉。古代ローマにおいて実践的な学問の基本とされた「アルテス・リベラレス」を原義とします。アルテスは技術、リベラレスは自由――ようするに「自由な心持ちになるための技術」を意味します。

ひとつの分野に精通することも大事ですが、それだけだと視野が狭まります。一つの物事を極めるにも、もっと幅広い分野の知識・経験から捉える必要がある。そうすれば、ものの見方や考え方が自由になり、新しい発見や発想が生まれやすくなるのです。

近年では大学などで、「専門へのアプローチを学際的に行う」ことの必要性が叫ばれ、それを「リベラルアーツ教育」と呼んでいます。背景にあるのは「社会の要求する知識が、理系・文系の枠に収まらない」こと。大学としては「専門領域を深く学びながら、その専門性を支える複数の学問領域を学ぶ」という方向性で、学生の教養力を育もうという考えなのでしょう。それ自体は好もしい動きと言えます。

さて、『貞観政要』に見られる〝教養コミュニケーション〟ですが、一例として「論擇官第七　第十章」を見てみましょう。グレーの色をひいた部分が古典からの引用で、カッコ内に出典を記載しています。

貞観十四年《ぢやうぐわんじふよねん》、特進魏徴《とくしんぎちよう》、上疏《じやうそ》して曰《いは》く、臣《しん》聞《き》く、臣《しん》を知《し》るは君《きみ》に若《し》くは莫《な》く、子《こ》を知《し》るは父《ちち》に若《し》くは莫《な》し（春秋左氏伝三　昭公十一年／管子巻第七　大臣第十八―内言一）、と。父《ちち》、其《そ》の子《こ》を知《し》る能《あた》はざれば、則《すなは》ち以《もつ》て一家《いつか》を睦《むつ》まじくする無《な》し。君《きみ》、其《そ》の臣《しん》を知《し》る能《あた》はざれば、則《すなは》ち以《もつ》て萬國《ばんこく》を齊《ひと》しくする無《な》し。萬國咸寧《ばんこくみなやす》く、一人《いちにん》、慶有《けいあ》るは、必《かなら》ず、惟《こ》れ良《りやう》、弼《ひつ》と作《な》るに藉《よ》る（書経　呂刑）。俊乂《しゆんがい》、官《くわん》に在《あ》れば、則《すなは》ち庶績《しよせき》其《そ》れ熙《ひろ》まり、無爲《むゐ》にして化《くわ》す。故《ゆゑ》に堯舜文武《げうしゆんぶんぶ》、前載《ぜんさい》に稱《しよう》せらるるは、咸《みな》、人《ひと》を知《し》るは則《すなは》ち哲《てつ》なるを以《もつ》てなり（書経　皐陶謨）。多士《たし》、朝《てう》に盈《み》ち、元凱《げんがい》、巍巍《ぎぎ》の功《こう》を翼《たす》け、周邵《しうせう》、煥乎《くわんこ》の美《び》を光《おほい》にす（春秋左氏伝二　文公十八年／論語　泰伯第八）。然《しか》れば則《すなは》ち四岳《しがく》・九官《きうくわん》（書経　堯典）・五臣《ごしん》・十亂《じふらん》（論語　泰伯第八）は、豈《あ》に惟《た》だ之《これ》を曩代《なうだい》に生《しやう》じて、獨《ひと》り當今《たうこん》に無《な》き者《もの》ならんや。求《もと》むると求《もと》めざると、好《この》むと好《この》まざるとに在《あ》るのみ。

まさに、てんこ盛り。多くは省略があり、いま読もうとすると、引用された原典を補わなくては意味がつかめないこともしばしばです。第三講で述べたとおり、国策として儒学が奨励された貞観という時代にあって、そのリーダー層の教養の広さ、深さには、舌を巻く思いです。

太宗と側近たちのように〝教養コミュニケーション〟を通じて阿吽の呼吸をつくることは、今日では難しいかもしれません。しかし私は、少しずつでも、みなさんが生きる現代にふさわしい教養の基盤が醸成されることを願ってやみません。

第六講

有終の美を飾るには

我が子はかわいいものだけど

太宗も人の子。自分の子どもに対しては、「公平でいること」が難しかったようです。最高権力者にして四十人もの子がいれば、身びいきもするし、その子たちの中でえこひいきもした、ということです。

これがまた、晩年の太宗を苦しめた問題の一つなのですが、後継者問題は後に譲るとして、ここではまず「論公平第十六　第五章」にある、太宗が〃娘かわいさ〃から礼を踏みはずしそうになった〃事件〃について、触れておきましょう。

それは、正妻の文徳《ぶんとく》皇后との間に生まれた娘、長楽公主《ちょうらくこうしゅ》が嫁ぐことになったときのこと。太宗はこの娘をとてもかわいがっていたので、世話係に「自分の姉妹が結婚したときより二倍、豪華な嫁入り支度をしてやってくれ」と命じました。

これに「待った」をかけたのが魏徴です。

話は例によって、歴史上のエピソードから始まります。昔、後漢の二代皇帝・明帝が、息子をある国の国王に封じるとき、「どうして我が子を、先帝（光武帝）の子どもであり、自分の兄弟でもある楚王、淮陽王と同列にできようか」と言い、息子の領地を彼らの半分の大きさにするよう命じました。

この話は歴史的に、美談とされてきたわけです。「それなのに、陛下は……」ということで、魏徴は次のように諫言しました。

天子の姉妹は長公主、天子の娘は公主と呼びますが、なぜ天子の姉妹には「長」の字がついていると思われますか？　天子の娘より上位とされているからです。

自分の娘をかわいいと思う陛下の気持ちはわかりますが、礼法を越えてはいけません。公主への礼が長公主を超えるなど、理にかなったことではないのです。どうか陛下、このことをご考慮ください。

なるほどと納得した太宗は、文徳皇后にその旨を伝えました。〝並みの奥さん〟なら、「魏徴は何ということを言うのかしら。皇帝の娘なのだから、いいじゃないの」と怒り出したり、魏徴の諫言など一蹴してしまうでしょう。

しかし、文徳皇后は大変な賢婦人です。政治に口出しをすることはありませんでしたが、夫としての太宗には、言うべきことを言う、毅然とした女性でもありました。

話は少々横道にそれますが、文徳皇后のそんな一面がわかるエピソードを一つ。それは、かつて太宗の愛馬が原因不明のうちに急死し、太宗が怒って飼育係を処刑しようとしたときのこと。文徳皇后は、「昔、斉の景公《けいこう》が同じようなことをして、臣下に諌められた」という話を持ち出し、「そんなことをしたら、人々の怨みを買うだけですよ」と太宗を諌めたといいます。

そんな文徳皇后ですから、娘の嫁入り支度に関する魏徴の諫言に、怒るどころか感嘆したのでした。

まったくもって魏徴の言う通りです。道義によって君主の情を抑制するとは、国家の重臣として誠にすばらしい人物です。

私は成人してすぐに、陛下のもとへ嫁ぎました。互いに深い情愛を抱いてきましたが、それでも私は何か申し上げたいときには、つい陛下の顔色をうかがってしまいます。陛下の威厳をおかしてはならないと思うからです。

夫婦でさえそうなのに、夫婦ほど親しい間柄ではない臣下には、もっと遠慮がある

ことでしょう。魏徴はそんな立場でありながら、よくぞ言いにくいことを言ってくださいました。

もしかしたら、文徳皇后は魏徴と同じことを言いたかったのかもしれません。情の部分では、太宗の姉妹よりも我が娘を大事にしたいところでしょうが、それで娘がくだらない嫉妬の餌食になるのも忍びない。そんな気持ちであっただろうと推察されます。

いまの世でも、自分の息子や娘のこととなると、いわゆる「長幼の序」などの礼儀を忘れてしまうことはよくあります。たとえば、子どもが結婚して新居を構えるとなると、「自分の懐の許す限り、誰よりも盛大な披露宴をしてやりたい。豪勢な新居のひとつも与えてやりたい」と思う親が大半でしょう。

それを悪いとは言いませんが、どこかに限度を設けることも大切です。周囲や親類から妬まれ、嫌な思いをするのは子どもだ、というふうに考慮したほうがいい。

また〝我が身かわいさ〟というのもあります。役職に就任するときとか、プライベートでも誕生日や還暦祝いなど、自分にとって喜ばしい出来事があると、もう舞い上がって盛大なお祝いパーティを開く人がいるものですが、そのときにちょっと考えて欲しいのです、

「前任者はどうだったかな。両親兄弟はどうかな」ということを。と同時に、魏徴のこの言葉を思い出してください。

情《じやう》、殊《こと》なる有《あ》りと雖《いへど》も、禮法《れいはふ》は逾越《ゆゑつ》す可《べ》からず。

太宗の帝王教育

太宗が後継者問題を意識し始めたのは、貞観七年くらいでしょうか。この年、魏徴に痛切な思いを打ち明ける場面が「教誡太子諸王第十一　第三章」に出てきます。

古来、君主の子どもたちというものは、みな恵まれた環境のなかでぬくぬくと育ち、周りからもちやほやされ、そのために、どうしても驕慢安逸を免れえない。多くの者が「君子（徳の高い人）に親しみ、小人（度量や品性に欠けた人物）を遠ざける」ことの重要性を理解できないからだ。

それを戒めるために、私は古代の帝王の子弟たちの成功例・失敗例を集めた書物をつくり、やがて各省・各県の王になっていく子どもたちに与えたいと思う。

このように魏徴に命じ、編纂された『諸侯王善悪録』という書の序に、太宗は自ら筆を取り、こう書き始めています。

天命を受けて君主になった者を見ると、その多くが、自らの親族で王室の守りを固めている。始皇帝のころは二十五人の子どもを諸侯にし、辺境から中央を守らせたと伝えられているし、舜が十六族をあげてからこの方、周・漢を経て陳・隋におよぶまで、山や川を境界線にして諸侯を封建していった。

そして、この間の国家の盛衰・興亡をよくよく見ると、「功《こう》成《な》り名立《なた》つは、咸《ことごと》く始封《しほう》の君《きみ》に資《よ》り、國《くにほろ》喪《ほろ》び身《み》亡《ほろ》ぶるは、多《おほ》く繼體《けいたい》の后《きみ》に因《よ》る」。つまり、創業の君主はうまくいくが、その後を継いだ君主の時代になると国がおかしくなる例が多い、としています。

そして「其の故は何ぞや」と問いかけ、こう続けます。

創業した君主は、まだ世が混乱している最中に大変な苦労をして抜きんでてきた。その父の姿を見て息子は育つため、二代目として後を継いでからも傲慢にならず、早朝から深夜まで、たゆまず政治に精励している。臣下からの耳の痛い忠告も喜んで受け入れ、人民のことを第一に考えた。そうして生前の功徳を立て、死後もその仁愛は伝わったのだ。

しかし、三代目の多くは、父祖の築いた太平の世に生まれ、宮殿の奥で女性たちに大切に育てられた。そのために、「位が高くなればなるほど地に足がつかず、危険を招く」ということの怖さを知らない。

また、農業がどれほど辛《つら》く苦しいものであるかも知りはしない。さらに、小人と親しみ、君子を遠ざける。小賢《こざか》しい女性と親密になる。明徳の師に対しても、威張って追い払う。道義にもとることをする。礼儀を知らない。淫乱で節操がない。法律に従わない。身分不相応の大それた望みを持つ。忠義や正しい道を捨てて、邪《よこしま》な迷える横道を踏む。そうしていったん道を踏みはずした者は、正しい道に返ることはない。

少々端折《はしょ》りましたが、大筋、こういうことを言って「実に惜しまれることだ」と嘆いています。

こうして歴史に学びつつ、熱心に帝王教育の指針を定めようとした太宗でしたが、結論を先に言えば、まったくうまくいきませんでした。

日本にも「売家と唐様で書く三代目」という言葉があります。初代が苦労して築き上げた看板や家屋敷も、三代目になると商売をおろそかにし、売りに出すことになる。三代目がいかに道楽者であったかを表すように、貼り紙の「売家」の文字に、凝った中国風の書体などが使われていることを皮肉ったものです。

それほどに、三代目以降を優秀なリーダーに育てるのは難しい、ということです。

けれども、この〝三代目危機〟を乗り越える方法がないわけではありません。

たとえば、「鍛えれば何とかモノになる」と思える子どもなら、地方もしくは海外の厳しい環境にある支社や、工場などに放り込んでみる。実際、私が聞いた話では、ほんの十数年前の中国などは、日本の経営者の三代目にとって絶好の修業場になったようです。中国の工場では、部下の工員はみんな親に仕送りをしている人ばかり。厳しい労働環境に耐えつつ、「いつか必ず出世してみせるぞ」という闘志に燃えて、エネルギッシュに仕事に取り組んでいます。

そんな人たちと同じ釜の飯を食べれば、いかにぼんやりとした三代目でも、自分がどれだけ恵まれているかが身をもってわかるし、「うかうかしてはいられない」という気持ちになるのでしょう。

親の手元に置いておくと、どうしても甘やかしてしまいますから、このくらいの荒療治をしたほうがいい。「かわいい子には旅をさせろ」です。

また、帝王教育については「教誡太子諸王第十一　第二章」にも、興味深いエピソードがあります。世継ぎと決めた太子（後の高宗）を、折に触れて教育しているというのです。どんな場面でどういう会話をしたのかを、太宗が述べています。

（太子が食事をしようとしているのを見て）

太宗　お前はこの飯がどういうものか知っているか？

太子　知りません。

太宗　民が農業の辛苦に耐えて、つくってくれたものだよ。民の努力の賜物なのだ。帝王になった暁には、耕作の時期に、兵役だ、使役だと民をかりだして、作業の邪魔をしてはいけないよ。そうすれば、いつでもこの飯を食べることができるのだから。

（太子が馬に乗るのを見たとき）

太宗　お前はこの馬がどういうものかを知っているか？

太子　知りません。

太宗　馬はよく人に代わって働いてくれるものだ。ときどき休ませてあげないといけないよ。力を限界まで絞り出させるようなことさえしなければ、馬はいつも役立ってくれるのだから。

（太子が舟に乗るのを見たとき）

太宗　お前はこの舟がどういうものか知っているか？

太子　知りません。

太宗　舟は人君に喩えられる。君主は舟、人民は水のようなものだ。水が舟を載せてくれるように、人民は君主を助けてくれる。しかし一方で、水が舟を転覆させることもあるように、人民が君主を倒す場合もある。だから、人民あっての君主と心得て、常に人民を恐れないといけないよ。

（太子が曲がった木の下で休んでいるのを見て）

太宗　お前はこの木がどういうものか知っているか？

太子　知りません。

太宗　この木は曲がっているけれど、墨縄で測って材木にすればまっすぐになる。木にとっての墨縄は、君主にとっての臣下からの諫言だ。『書経』の「傅説《ふえつ》」の言葉にあるだろう？　君主たる者は、最初のうちは道を知らなくとも、諫言を受ければ聖人になれるということだ。このことを、よく考えてくれよ。

このように、何を問われても「知りません」と言う太子に、太宗は根気強く諭しているのです。なまぬるいと言えばなまぬるい、という印象ですが、君主が自ら帝王教育に乗り出したという点では評価できます。

過保護はご法度

後継者問題は、とくに世襲制を敷いている場合、非常に悩ましい問題です。長男が、誰が見ても優秀な人物であればいいのですが、なかなか、そううまくはいきません。

日本でも江戸時代には、長男以下、息子たちに見込みがないとなれば、外から優秀な人物を選んで養子にし、後を継がせるというようなことがよくありました（もちろん、その場合は実子に対して、「遊んで暮らしても食うに困らない」くらいの手当を保障しておかないと、内紛の種をまくことになりますが）。

近年は、昔ほど世襲制にこだわる風潮はなくなってきましたが、それでも「できれば、自分の子どもに継がせたい」と思うのが親心。そうすると、後継ぎを決める段階でもう、兄弟間の争いは避けられなくなります。

また、「この子こそ」と決めたのはいいけれど、やらせてみたら見込み違いだった、ということもあります。そうなると「あんなバカ息子に任せてなるものか」と、クーデターが起きるかもしれません。

つい最近も、父と娘、あるいは兄弟の間で経営権を争う企業が、メディアで「骨肉の争い」などと報じられたことがありました。こういった〝後継ぎ騒動〟は、今後もなくなることはないでしょう。

太宗ほどの英傑もまた、世継ぎにはものの見事に失敗しました。その意味では、反面教師としていただきたいところです。

さて、太宗が悩んだのは言うまでもなく、自分の息子たちのなかで、誰に帝位を継がせるかということです。

本来は長子相続が原則ですが、太宗の心のなかには「実力本位で選ぼう」という考え方があったのでしょう。次第に、「長男（太子）の承乾《しょうけん》よりも、四男の泰《たい》（魏王）のほうが有望だ」と思うようになりました。

それで、承乾をさしおいて、泰を寵愛したのです。貞観十三年には、このことを褚遂良から諫められました。その場面が「論太子諸王定分第九　第三章」に出てきます。

毎月支給されている物品を見ますと、太子の承乾殿下より、泰殿下のほうがずいぶ

んといいものが多いようです。これは礼に反することで、大変な問題です。秩序を乱します。

古来、聖人は長男を世継ぎとして尊び、そのほかの子どもたちは一段低く扱いました。庶子ならなおさらのことです。なぜそうしたかと言えば、秩序を乱すと、後継ぎ問題が紛糾する恐れがあるからです。

たしかに、自分こそが後継者だと思っている承乾からすると、四男の泰が優遇されているのはおもしろくありません。加えて、周囲の臣下たちも「ひょっとすると、泰が後を継ぐのではないか」と思うと、「承乾派」対「泰派」に分かれて、さまざまな策略をめぐらす恐れもあります。

褚遂良は続けて、『春秋左氏伝』にある**「子《こ》を愛《あい》すれば、之《これ》に教《をし》ふるに義方《ぎはう》を以《もつ》てす」**という言葉を引いています。「義方」とは「忠孝恭倹《ちゅうこうきょうけん》」、すなわち真心を尽くす「忠義」、親兄弟や年長者など人を敬う「孝行」、慎んで従う「恭順」、倹約に励む「節倹」の四つの徳を意味します。この「義方」を教えることが子どもへの愛だ、ということです。

さらに褚遂良は、前漢の六代皇帝・景帝夫妻の〝子育てエピソード〟に触れています。

彼らの息子は、わがまま勝手をすこしも戒められず育ったために、長じてもなお、自分の思い通りにならないと苛立つ性癖を克服することができませんでした。あげくの果ては、病にかかり死んでしまったのです。

こんな先例を出されては、太宗もうなだれるばかりだったでしょう。そして最後に、「すでに泰殿下は宮中から出て、好き勝手に暮らしています。それで殿下が礼儀を失うことのないよう、良い教育係をつけて義方を教えてください。そうすれば、殿下も良い器になろうかと思います」と言われたのでした。

太宗はもちろん、この諫言を受け止めて深く反省し、その日のうちに泰に支給する料物を減らしたといいます。

しかし、時すでに遅しと言うべきか、褚遂良の心配は現実のものになってしまいました。まず、泰への寵愛がもとで、第五子の祐《ゆう》（斉王）が反乱を起こし、これに触発されて太宗の弟で、父・李淵《りえん》の第七子である元昌《げんしょう》（漢王）も反逆を計りました。こういった動きに承乾が一枚かんでいるとの告発もあって、承乾は太子を廃され、庶人《しょじん》となって幽閉されてしまいました。

事ここに至ると、今度は泰が、まだ正式な詔を得ていないにもかかわらず、太子然と振る舞うようになりました。日夜、太宗のそばに侍《はべ》っていたといいます。それはそれで親としては「かわいい息子であることよ」という感じだったでしょう。この時点で、太宗は泰に後を継がせようと決めていましたから。

ところが、文徳皇后の兄であり、重臣である長孫無忌《ちょうそんむき》から、強硬に反対されてしまったのです。第九子の治《ち》（晋王）を立てるべきだと。

こういった陰謀渦巻く混乱があって、太宗は「もう誰を頼ればよいのかわからない」と、いっそう悩みを深くしました。自殺をしようとした、とも書かれています。

最終的に治が皇太子とされたのは、貞観十八年のことでした。

ただ、ようやく太子と決めた治のことも、また太宗は甘やかしてしまいます。太子は東宮で暮らすことを基本としていたのに、太宗は自分の御殿のそばに置いていたのです。つまり、〝子離れ〟がなかなかできなかったわけです。

これに対して、散騎常侍《さんきじょうじ》（諫議大夫の一人）、劉洎《りゅうき》が上書した話が「論尊師傅第十第六章」に出てきます。

太子には東西南北に設けられた四門に出て、国王に代わって諸外国からのお客様をお迎えするお役目がございますが、これは、徳を磨くための勉強の機会でもあります。どんな客人に対しても礼儀正しく対応してみせることで、太子が立派な人物であり、国が安泰であることを示せるのです。また、客人と会話をかわせば、諸外国の事情に通じることもできましょう。

ですから、太子をもっと外に出さなくてはいけません。宮殿の奥で大切に育てられた者は、いかに生まれながらにして優秀であったとしても、外国の人たちと交流するなかで見聞を広めていかなければ、その能力に磨きがかかりません。

また、過去に聖賢と呼ばれた人を見るにつけ、その優劣の分かれめは、自分を磨いてくれる人たちと出会ったかどうかにあったことがわかります。たとえば、周の斉王は優れた哲人でありましたが、太公望や召公奭《しょうこうせき》を師としたことで、より豊かな才能が得られました。前漢の武帝は思いやりのある君主でしたが、やはり優秀な臣下を登用し、徳にますます磨きをかけました。

太子の行動は一人の善悪に留まりません。国の興亡に深く関わるのです。だからこそ、優秀な者をお側につけて、政治の技術を教えたり、教養を身につけさせたりすることが大切なのです。ぜひ、そのようになさってください。

太宗が亡くなったのは貞観二十三年ですから、後継者の選定と育成には、悩みに悩み抜いた晩年だったと言えるでしょう。

ここまで苦労したのに、李治改め高宗は、立派な後継ぎにはなれませんでした。もともとひ弱な体質で、激務に耐えられないこともありましたし、妻の則天武后に政務を預けてしまい、あげくに唐王朝を乗っ取られてしまったのです。

則天武后は、実は太宗の側室だった女性。太宗も、まさか自分の側室が、後にちゃっかり息子の妻の座におさまり、しまいには中国史上唯一の女帝になるとは予想もしなかったでしょう。

しかし、そこで消滅しても不思議はなかった唐が、後に復活できたのは、じつは太宗が国家としての盤石な基礎を築いていたからだ、という見方もできます。

後継者選びというのは、世襲であれ、実力主義であれ、リーダーにとっては最も難しい問題の一つでしょう。ただ重要なのは、少々後継者の出来が悪くて、組織が一時期揺らぐことがあっても、やがて再構築できるだけの基礎固めをしておくことです。後継者選びで多少つまずくことくらいは、〝想定内〟として考える必要がありそうです。

終わりを慎む十の戒め

われわれのような凡人でも、地位や給与が上がるにつれて、虚栄心が大きくなるものです。自分の成功を見せつけてやるとばかりに豪邸に住み、高級車を乗り回し、ブランド品を身につけ、一流レストランで食事をし……いつの間にか、生きていくのにとりたてて必要ではないものに、お金を費やしてしまう人が大半ではないでしょうか。

中国という広大な国の帝王ともなれば、なおさら虚栄心を抑えるのは難しい。質素倹約に努めた太宗でさえ、虚栄心という〝魔物〟にとりつかれそうになったようです。

これを「危うし」と見た魏徴は、貞観十三年に太宗を諫めています。「論慎終第四十第五章」に、「終わりを慎む」――有終の美を飾るための十箇条を含む、長い長い諫言が書かれています。

まず前口上として、貞観の初めごろの太宗が倹約に努め、人民を第一に考えて政治を行っていたのに、近ごろはその当初の志が感じられない、このままだと、終わりを慎むことは難しい、と切り出しています。このとき、二つの言葉を引用しています。

之《これ》を知《し》ることの難《かた》きに非《あら》ず、之《これ》を行《おこな》ふこと難《かた》し。（『書経』の説命中より）

之《これ》を行《おこな》ふことの難《かた》きに非《あら》ず、之《これ》を終《を》ふること難《かた》し。（『春秋左氏伝』の襄公三十一年より）

知ることは誰にでもできるが、実行することは難しい。実行するのが難しいのではなく、最後まで継続して実行することが難しい。これらを引用することによって、太宗に、より深く理解することを促しているのです。

魏徴はこの前口上に続けて、「終わりを慎む十箇条」をあげています。一つひとつ、見ていきましょう。

【二】

貞観の初め、陛下は無為無欲で、遠くの国まで徳を行き渡らせていましたが、近ごろはその風が衰えているようです。言葉だけは昔の聖人以上ですが、実際の陛下は平凡な君主以下です。

前漢の文帝は、千里の馬を献上しようとの申し出があっても辞退しました。晋の武帝は、献上された雉《きじ》の頭の美しい毛で飾った皮衣を、自分には必要ないと焼き捨てました。

それに比べて、いまの陛下はどうでしょう？　駿馬を万里の遠方に求め、外国から珍奇な宝物を買っています。それを運ぶ輸送部隊の列を見て、沿道の人々は怪しんでいます。異民族からも「唐の太宗は俗物に堕した」と軽視されています。

これが、有終の美を望めない一つめの理由です。

高級品や高価な美術品に目がなく、八方手を尽くして買い漁《あさ》ろうとするようなリーダーは、尊敬されるどころか軽蔑される、ということです。いかに偉業を達成しても、晩節がこれでは「成金趣味」みたいな言われ方をするのがオチでしょう。

【二】

かつて孔子は弟子の子貢に、「人を治めるとはどういうことか」と問われて、「六頭立ての馬車を腐った綱で御するようなもので、危険極まりないことだ。道理・道義で導かなければ、後で大きな害を被る。これを恐れずにいられようか」と答えました。『書経』にある「人《ひと》は惟《こ》れ邦《くに》の本《もと》、本固《もとかた》ければ邦寧《くにやす》し」とは、そういうことです。

貞観の初め、陛下は人民をまるで傷ついた人を見るように見ていました。労役に駆りだされた人民を見て、あたかも我が子が働かされているように感じ、人民を苦しめないよう倹約を守っていました。大がかりな建設工事も減らしました。

ところが近ごろは、贅沢で気ままになり、倹約を忘れて、人民を軽々しく労役につかせています。「人民は何か事がなければ驕るだけだ。労役に服させておけば使いやすい」などと言っておられます。

それは大きな間違いです。昔から、人民を楽にしてやったために国家が傾いた、という例はありません。人民の驕逸《きょういつ》を恐れて、それを労役で食い止めるという理屈が、どうして通用しましょうか。国を興隆させる言葉ではなく、安定を図る遠大な計画とも言えません。

これが、有終の美を望めない二つめの理由です。

「部下に楽をさせても、いい気になるだけだ。使えるだけこき使えばよい」――そんなふうに考えるリーダーは少なくないでしょう。しかし最初はうまくいっても、すぐに部下が息切れしてしまうだけ。〝離反分子〟が増え、長期的な安定は望めません。

【三】

貞観の初め、陛下は自分の欲を抑えて、人民の利益を一番に考えていました。ところが近ごろは、日増しに贅沢になり、自分の欲望のために人民に奉仕をさせています。口先ではいつも、人民の暮らしを心配しているようなことを言っていますが、実際には自分の身を楽しませることに熱心です。

また、臣下から諫められないよう先手を打って、「これを造営しなければ、自分の生活が不便なのだ」などとおっしゃいます。そう言われると、臣下としては何も言えません。陛下と争ってまで諫言する気にはなれないからです。そんなふうでは諫言する者の口を塞いだのも同然です。善を行う者のやることでありましょうか。

これが、有終の美を望めない三つめの理由です。

たとえば「社用車」と称して自分のための高級車を購入する。「社員の保養施設」と言って自分のための豪勢な別荘を建てる。「社業の発展」や「社長外交」を隠れ蓑《みの》に高級料亭に行きつける。

こんなふうに、自分の贅沢をいくら「会社のため、社員のため」と言い訳しても、下の者は誰も納得していません。リーダーへの不信感を募らせるだけです。

【四】

人が身を立てることの成功・失敗は、どのような感化を受けるかにあります。良い香りのところにいれば、いつしかそれが当たり前になります。臭い魚の近くにいれば、いつしかそれに慣れて何とも思わなくなります。

貞観の初め、陛下は君子を重用し、小人を遠ざけておりました。ところが近ごろは、君子を重んじているように見えて実は敬遠し、小人に馴れ親しんでいます。そうなると、だんだんに小人の悪いところが見えなくなり、悪い感化を受けます。君子を遠ざけることは、国を隆盛から遠ざけることでもあるのです。

これが、有終の美を望めない四つめの理由です。

周りにイエスマンだけを集めるようなリーダーになってしまうと、優秀な部下が寄ってこなくなります。それは大変な損失。やがて業績は下がり、組織をも傾かせてしまいます。

【五】

『書経』に「無益《むえき》を作《な》して有益《いうえき》を害《がい》せざれば、功乃《こうすなは》ち成《な》る。異物《いぶつ》を貴《たつと》びて用物《ようぶつ》を賤《いやし》まざれば、人乃《ひとすなは》ち足《た》る。犬馬《けんば》は其《そ》の土性《どせい》に非《あら》ざれば、畜《やしな》はず、珍禽奇獣《ちんきんきじう》は、國《くに》に育《やしな》はず」という言葉があります。

貞観の初め、陛下は堯舜を手本として、金や宝玉への欲を捨て、質素な生活に徹しておられました。ところが近ごろは、欲しいものはどんなに遠くからでも運ばせるし、めったにない精巧な道具をつくらせていらっしゃいます。

為政者が贅沢を好んでいるのに、人民に質素な暮らしを求めるなど、道理が通りません。贅沢品をつくり、売る商工業ばかりが栄え、国を支える肝腎要《かなめ》の農業が衰退してしまいます。国の根本は農業にあることを忘れてはいけません。

これが、有終の美を望めない五つめの理由です。

私は、現代にあっても、国の基幹産業は、原則として農業にあるべきだと考えています。ただ昨今の日本は、その農業が危機的状況にあります。そればかりか、マネーゲームのような金儲けのための虚業が隆盛を極め、人々の〝金亡者ぶり〟は進む一方です。

ただ、その虚し《むな》さにはもう誰もが気づいているはず。そろそろ虚業から目を覚ましたほうがいいのではないでしょうか。

【六】

貞観の初め、陛下は常に優秀な人材を渇望されていました。善人を登用して、その良いところを発揮させ、もしうまくいかなければ使うほうの力量が足りないのではないかと心配されていました。

ところが近ごろは、好き嫌いが過ぎるように存じます。多くの人が善人だと推薦しても、一人が良くないと言うと登用しようとなさいません。あるいは、長年にわたって任用していた者を、ちょっとしたことで疑念を抱いて遠ざけてしまいます。

人間を見るときは、あくまでも平素の行い、業績で評価するべきです。心ない者の告げ口を鵜呑みにして、長年貢献してきた人を一朝で失うことがあってはならないのです。小人は悪口を好み、いつも自分の利益だけを考えて、謀《はかりごと》をめぐらしているのですから。

表面的に人を評価すると、優秀な人材は遠ざかり、地位だけを求める無能な人間ばかりになってしまいます。また、多くの人々が一時逃れで事なきを得ればいいと、真に力を尽くそうとしなくなります。

これが、有終の美を望めない六つめの理由です。

組織では、部下同士の〝足の引っ張り合い〟が多々起こります。そのときにターゲットとされるのは、多くの場合、優秀な人間です。誹謗中傷が飛び交ったり、こっそり悪口を吹き込む者がいたり、事実無根の悪評判を立てられがちなのです。

リーダーとして大事なのは、誰の言うことを信じるか。悪口に敏感に反応して、事実をよくたしかめもせずにそれを鵜呑みにしていると、本当に有能な人材を失うことになりかねません。早晩、組織は無能な人間の集まりになってしまいます。

【七】

帝位に上がった当初、陛下は高所大局から世の中を見て、人民のことに心を砕き、心はまことに清廉、私欲を封じておられました。狩猟の道具も最小限に留め、頻繁に楽しむことを制限していました。

ところが近ごろは、その意思をお忘れになってしまったかのようです。狩りに出かけて百日間も帰ってこなかった天子ほどではないにせよ、狩りを楽しまれる頻度が増しております。その際に行われる祭礼費は大変な額に達しているのに、これを考えようとはなさいません。鷹や猟犬を外国にまで求めておられます。日がな狩りに熱中されるあまり、その間に不測の事態が起こるかもしれないことは思慮の外です。事が起きてからあわてても遅きに失します。そんなふうでは、国は危ないと言わざるをえません。

これが、有終の美を望めない七つめの理由です。

太宗にとっての狩猟は、現代のリーダーで言えばゴルフでしょうか。バブル時代ほどではないにしろ、いまも「接待ゴルフ」の名の下に、仕事そっちのけでゴルフに興じている幹部は少なくありません。

どんな人にも息抜きは必要ですし、それで商談がうまくまとまる場合もないとは言えない。しかし、度が過ぎているようなら、回数は減らしたほうがいい。これに限らず、遊興はすべて同じです。

【八】

孔子は「君《きみ》、臣《しん》を使《つか》ふに禮《れい》を以《もっ》てし、臣《しん》、君《きみ》に事《つか》ふるに忠《ちゅう》を以《もっ》てす」とおっしゃいました。つまり、君主の臣下に対する義が薄いようではいけないのです。

陛下は帝位につかれた当初、臣下に敬をもって接していらっしゃいました。だからこそ、その気持ちが臣下に伝わり、臣下はそれをありがたいことだと思って力を尽くしたのです。

ところが近ごろは、陛下の臣下に対する扱いが軽率で、粗略になってきたように思われます。地方官が実情を報告するためにやって来ても、面会しようとはなさいません。陳情に耳を傾けず、それでいて、いきなり小さな過失をなじることもあります。こんなふうでは、弁舌に優れ、才知ある人間でも、真実を述べる気になれないではありませんか。君主と臣下が一つになり、ともに世の安泰を願うことも難しくなります。

これが、有終の美を望めない八つめの理由です。

組織の上下が一枚岩になってこそ、事は成し遂げられる――『貞観政要』で繰り返し述べられている通りです。リーダーは部下の意思を尊重して、敬意をもって接し、真摯に耳を傾ける。そこを出発点とすれば、その思いを受け止めた部下たちは、働き甲斐を感じて忠義を尽くしてくれるはずです。

【九】

『礼記』に「傲《おごり》は長《ちやう》ず可《べ》からず、欲《よく》は縦《ほしいまま》にす可《べ》からず、樂《たのしみ》は極《きは》む可《べ》からず、志《こころざし》は満《み》たす可《べ》からず」という言葉があります。これら四つは、歴代の賢者が深く戒めとしたものです。

貞観の初め、陛下は謙虚であろうと努め、自分の意を曲げても臣下の諫言に従い、いつも自分には足りないところがあると自覚されていました。

ところが近ごろは、少々威張り、わがままになっておられます。昔の帝王をないがしろにし、当代の賢者を軽んずるところがあります。これは驕りです。一時的に臣下の諫めに従いながらも、いつか自分の思い通りに物事を進めてやろうと思い、本当にそうされてしまう。欲望がどんどん膨らんでいるのではないでしょうか。

陛下の心はいつも楽しみを求め、満足するところを知りません。まだ政治の妨げになるほどではありませんが、もっと政治に専心していただかなくてはなりません。周辺国が心から服従しているのに、なお馬を駆って罪に問おうとしているのと同じで、どこまでも心が満たされることはないのですから。

いまのままでは、近くの者は陛下におもねって意見を言わず、遠くの者も陛下の威光を恐れて諫めようとはしなくなります。これが積もり積もれば、傷つくのは陛下ご自身です。

これが、有終の美を望めない九つめの理由です。

驕らない、欲張らない、遊びにのめりこまない、野望を持たない――この四つは、現代のリーダーにも戒めとしてもらいたいところです。すでに「地位が上がると、地に足がつかなくなる」と述べましたが、それがリーダーの態度として現われるのがこの四つなのです。

最初の三つは言葉通り。四つめの「志は満たす可からず」は、ちょっとわかりにくいかもしれません。

もちろん、志を持つことは大切です。「夢は大きく」「大志を抱け」でもいい。ただ、勇気をもってチャレンジングな目標に向かう限りはよいのですが、それが無謀ともいえる、身の程を超えた〝野望〟になってしまうのが問題なのです。

野望を抱くと、どうしても無理を重ねる、あるいは部下に無理を強いることになる。「それは大志なのか、野望なのか」。自らに問うてみてください。

【十】

明君である堯舜や成湯《せいとう》（殷の帝王）の時代にも、災害がなかったわけではありません。けれども、聖徳の王と呼ばれるのは、始めから終わりまで、しっかりと政治を行ったからです。災いがあれば全力を尽くして事に当たり、平安なときも決して驕ることがなかったからです。

振り返れば貞観の初めは、たびたび霜害《そうがい》や旱害《かんがい》に見舞われました。都の民が食物を求めて朝廷の門前までやって来ました。年寄りや幼い子どもの手を引いて、町をさまよっていた者は数千人に上りました。それでも、一戸とて逃亡する者はなく、一人として怨みを抱いた者はいません。陛下が人民を憐れに思い、全力を尽くして救おうとされたからです。

しかし近ごろは、都周辺ではしょっちゅう労役に駆りだされた人や、休みの日もなく働かされる工事人、勤務外の仕事にまでこき使われる兵士がたくさんいて、彼らは疲れ切っています。また、各地方の産物に税金をかけるため、交易の量を増やさざるをえず、運搬人が道を塞ぐほどの有様です。

こんな状態が続けば、ほんのわずかなきっかけで騒動が起きるでしょう。万が一、飢饉にでもなれば、昔のように安泰ではいられません。

これが、有終の美を望めない十個めの理由です。

どれほど困難に見舞われようとも、リーダーが驕らず、部下のためを思って粉骨砕身すれば、部下は離反したりしません。逆に、「リーダーのために、俺も一肌脱ごう」と思ってくれるでしょう。

そういう指導者でなければ、組織は常に一触即発の危機と隣り合わせで、ほんのちょっとしたきっかけで、すべてが崩れてしまいます。それだけ組織はもろい、ということです。

これら十箇条に共通するのは、『貞観政要』で一貫して述べられていること、すなわち驕慢安逸に対する戒めです。言い換えれば、「平穏無事なときこそ気を抜かず、いかに緊張感を持続するか」ということ。ただこの一点を、十の視点から諭したものです。

それにしても、ここまでしつこく「昔のあなたはどこへ行ったんですか。いまのあなたは目に余る。ただのダメ君主に堕してしまっています」などと言われると、たいていの人は不機嫌になるでしょう。

しかし太宗にはまだ、帝王としての自覚は残っていた様子で、「よくぞ言ってくれた」と喜び、また深く反省しました。臣下から何度も諫められ、そのたびに反省するこの素直さは、現代のリーダーに、ぜひ学んでいただきたいところです。

さて、魏徴はこれだけの諫言をして間もなく亡くなってしまいました。太宗もこの命がけの諫言を受けたからこそ、立ち直れたと言えるでしょう。もっとも前述した通り、太宗は晩年、再び高麗征伐に野心を燃やし、盛んに宮殿造営をし、また後継者問題でもつまずいてしまうことになるのですが。

いずれにせよ、この「終わりを慎む十箇条」は、『貞観政要』全編を要約したと言ってもいいほどの名文です。

これまでの記述と重複するところも多々ありますが、リーダーが常に心がけていなければいけないことばかりが取り上げられています。自分に置き換えて読みながら、自省のチェック項目として、活用していただければと思います。

そして、傲慢になりそうになったら、つぶやいてください。「終わりを慎む、終わりを慎む、終わりを慎む……」と。

本書は慶應丸の内シティキャンパス夕学プレミアム『agora』（アゴラ）における講座「田口佳史さんに問う中国古典【貞観政要】」（二〇一四年一〇月六日～一二月一五日・全六回）をもとに構成、編集したものです。

出典／『新釈漢文大系95・96　貞観政要（上・下）』（明治書院）

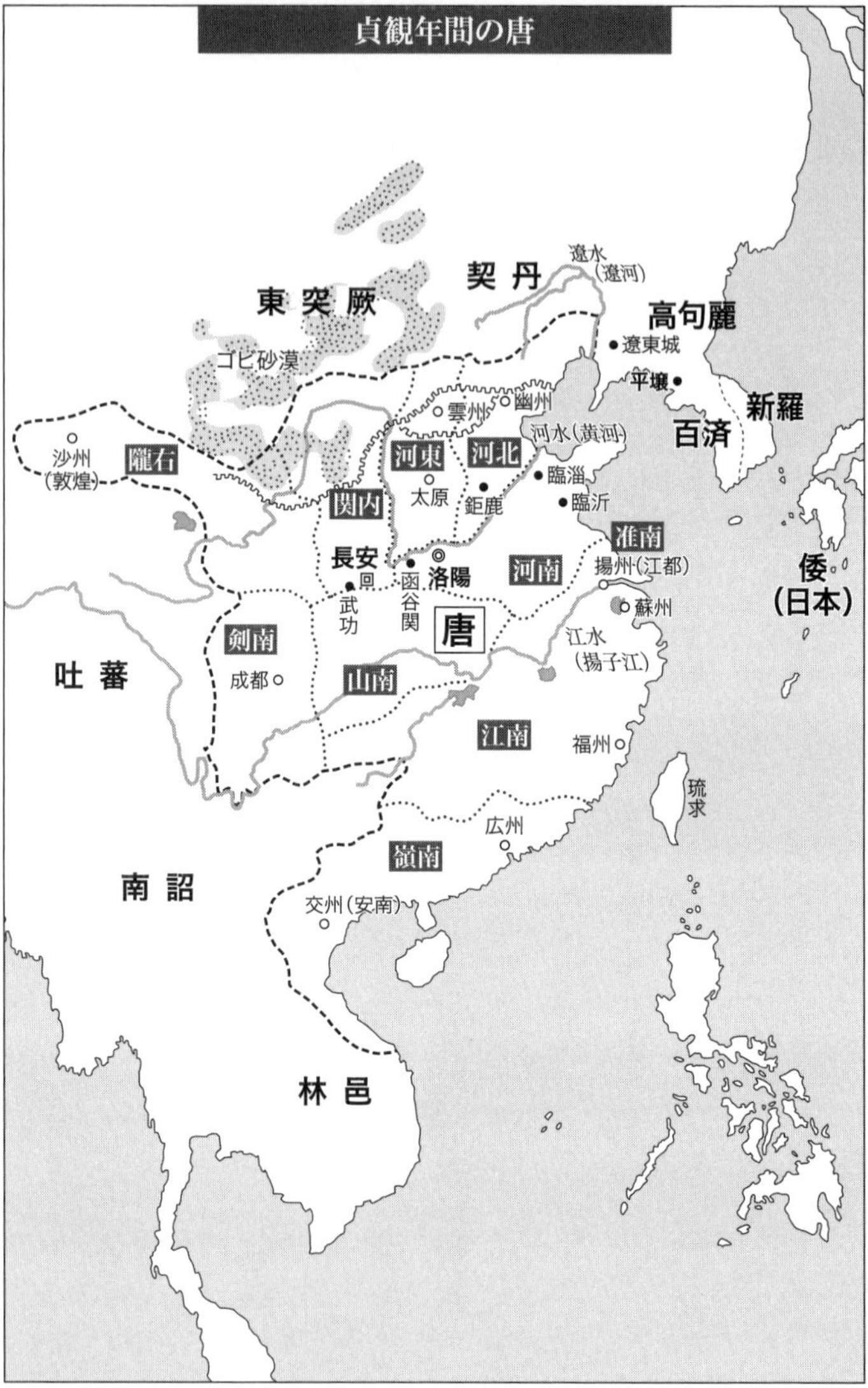

貞観年間の唐
東突厥
ゴビ砂漠
契丹
遼水（遼河）
高句麗
遼東城
平壌
新羅
百済
雲州
幽州
河水（黄河）
沙州（敦煌）
隴右
河東
河北
臨淄
関内
太原
鉅鹿
臨沂
淮南
長安
回
武功
函谷関
洛陽
河南
揚州（江都）
蘇州
倭
（日本）
剣南
唐
江水（揚子江）
吐蕃
成都
山南
江南
福州
琉求
広州
嶺南
南詔
交州（安南）
林邑

『貞観政要』関連年表

西暦	元号	出来事
589	開皇 9	隋が陳を滅ぼし、中国を統一する。
604	仁寿 4	隋の煬帝即位。
610	大業 6	大運河が完成する。
617	義寧元	李淵が挙兵し、長安を占拠する。
618	武徳元	煬帝が殺害され、隋亡ぶ。李淵が皇帝を称し（高祖）、唐興る。
626	武徳 9	李世民が太子・建成を討つ（玄武門の変）。李世民（太宗）即位。
627	貞観元	貞観に改元（貞観の治）。
629	貞観 3	僧・玄奘がインドへ出発（627年説もあり）。
630	貞観 4	北方の突厥を討伐。倭国（日本）が初の遣唐使（犬上御田鍬ら）を送る。 房玄齢、尚書左僕射となる。杜如晦、死去。
635	貞観 9	高祖、死去。
637	貞観11	貞観律令が制定される。
639	貞観13	王珪、死去。
642	貞観16	高句麗で、蓋蘇文が栄留王を殺害し、実権を握る。
643	貞観17	魏徴、死去。
645	貞観19	高句麗遠征が開始される（第 2 次647年、第 3 次648年）。
648	貞観22	房玄齢、死去。
649	貞観23	太宗、死去。3 代皇帝・高宗が即位。
660	顕慶 5	唐・新羅連合軍が百済を亡ぼす。
663	龍朔 3	白村江の戦いで倭軍敗れる。
690	天授元	則天武后が即位し、国号を周と改める（武周）。
705	神龍元	中宗（李顕）が復位（4 代皇帝）。
709	景龍 3	呉競が中宗に『貞観政要』を献じる。
712	先天元	玄宗が即位（開元の治）。

田口佳史（たぐち・よしふみ）

1942年、東京生まれ。東洋思想研究者。
日本大学芸術学部卒業。新進の記録映画監督として活躍中、25歳のときにタイ国で重傷を負い、生死の境で「老子」と出会う。以後、中国古典思想研究に従事。東洋倫理学、東洋リーダーシップ論の第一人者となる。'72年、株式会社イメージプラン創業、代表取締役社長を務める。2000社にわたる企業変革指導をおこなうほか、1万名を超える社会人教育の実績を持つ。おもな著書に、『論語の一言』『老子の無言』『孫子の至言』（すべて光文社知恵の森文庫）、『超訳 言志四録』『超訳 老子の言葉』『超訳 孫子の兵法』（すべて知的生きかた文庫）、『リーダーの指針「東洋思考」』（かんき出版）など多数。

ビジネスリーダーのための
「貞観政要《じょうがんせいよう》」講義《こうぎ》
東洋思想の古典に学ぶ、長く続く組織づくりの要諦

2015年11月20日　初版1刷発行
2018年6月20日　2刷発行

著者　田口佳史《たぐちよしふみ》
発行者　駒井稔
発行所　株式会社　光文社
〒112-8011　東京都文京区音羽1-16-6
電話　編集部　03(5395)8172　書籍販売部　03(5395)8116
業務部　03(5395)8125
メール　non@kobunsha.com
落丁本・乱丁本は業務部へご連絡くだされば、お取替えいたします。
組版　萩原印刷
印刷所　慶昌堂印刷
製本所　ナショナル製本

ISBN 978-4-334-97846-4 Printed in Japan